슬프고 웃긴 사진관

슬프고 웃긴 사진관

1판 1쇄 발행 2013. 7. 5.
1판 5쇄 발행 2025. 8. 1.

지은이 아잔 브람
옮긴이 각산 스님

발행인 박강휘
발행처 김영사
등록 1979년 5월 17일(제406-2003-036호)
주소 경기도 파주시 문발로 197(문발동) 우편번호 10881
전화 마케팅부 031)955-3100, 편집부 031)955-3200 | 팩스 031)955-3111

저작권자 ⓒ 각산 스님, 2013
이 책은 저작권법에 의해 보호를 받는 저작물이므로
저자와 출판사의 허락 없이 내용의 일부를 인용하거나 발췌하는 것을 금합니다.

값은 뒤표지에 있습니다.
ISBN 978-89-349-6353-0 03810

홈페이지 www.gimmyoung.com   블로그 blog.naver.com/gybook
인스타그램 instagram.com/gimmyoung   이메일 bestbook@gimmyoung.com

좋은 독자가 좋은 책을 만듭니다.
김영사는 독자 여러분의 의견에 항상 귀 기울이고 있습니다.

*** 이 책은 2013년 초 아잔 브람이 한국을 방문하여 법문한 내용을 각산 스님이 옮기고 엮은 것입니다.

아잔 브람
인생축복에세이

슬프고 웃긴 사진관

각산 옮기고 엮음

김영사

서문

지난 1월, 저는 운 좋게 한국을 방문하여 제 스승이신 태국의 고승 아잔 차Ajahn Chah(1918~1992)로부터 배운 불교 명상을 한국에서 강연할 뜻깊은 기회를 얻었습니다.

각산 스님을 포함한 한국의 여러 스님이 저희 호주(오스트레일리아) 수행 센터에 머물면서 이 전통적인 명상을 함께 수행해왔습니다. 그분들이 제 명상 서적을 한국어로 번역해 주신 덕분에, 그분들의 초청으로 이번 한국 강연도 가능했습니다.

한국의 겨울은 호주보다 몹시 추웠지만, 머무는 동안 동료 스님들과 친구들이 전해준 따뜻한 마음 덕분에 춥다는 생각을 잊을 수 있었습니다. 뿐만 아니라 마음의 고요를 찾는 방법에 관한 부처님의 가르침이 사람들에게 깊은 평화, 통찰, 행복을 준다는 것을 보여줄 기회도 있었습니다.

산속의 호수는 완전히 고요할 때만, 하늘에 떠 있는 달과

별뿐 아니라 호수를 둘러싼 숲의 아름다움과 진실까지도 정확하게 비출 수 있습니다. 바람이 일면, 그 고요함은 깨지고 물결이 입니다. 그 물결은 호수에 비친 것들을 일그러뜨리기 때문에 아름다움 또는 진실을 제대로 볼 수 없게 됩니다.

사람의 마음은 산속의 호수와 같습니다. 욕망의 바람이 일면, 마음의 표면에 생각의 물결이 생깁니다. 그러한 생각들은 진실을 일그러뜨리고 아름다움을 감추어버립니다. 욕망의 바람이 멈추고 통제를 완전히 놓아버릴 때, 우리의 마음은 고요한 상태가 됩니다. 그제야 비로소 우리의 마음은 우리 주변의 모든 진실과 아름다움을 정확하게 비추어낼 수 있습니다.

우리는 명상을 통해 진정한 평화를 얻을 수 있고, 평화는 깊은 통찰을 가능케 하며, 통찰은 행복과 자유를 가져옵니다. 이 책을 재미있게 읽어주시기 바랍니다.

2013년 6월
퍼스에서 아잔 브람

편역자 서문

《슬프고 웃긴 사진관》은 세계적인 명상 스승 아잔 브람이 2013년 초 '세계명상 힐링캠프'에서 수행 지도를 위해 한국을 방문했을 때, '인생성공 행복명상'을 통해 많은 이들에게 깊은 감동을 준 법문法門을 정리하여 엮은 내용입니다.

우리 안에 평화가 없다면, 세상에도 평화가 없습니다. "깊고 고요한 침묵 속에서 우리의 내면은 깨어납니다. 지금 이 순간, 자신에게 친절하고 스스로 행복하세요." 그의 가르침은 따뜻하며, 이 시대의 살아 있는 붓다 같습니다.

《슬프고 웃긴 사진관》은 우리 인생을 꽃밭에 비유하며, 강력하고 흡입력 있는 에피소드들로 이루어져 있습니다. 또한 삶을 순식간에 슬픔에서 축복으로 바꿔주는 메시지를 통해 마음의 평안을, 가정의 안녕을, 인생의 성공을 이야기합니다.

아잔 브람의 법문은 시종일관 재미있고 간결합니다. 유쾌한 위트 속에서 삶의 지혜와 감동을 선사합니다. '세계명상

'힐링캠프' 기간 내내 아잔 브람의 가르침은 마음을 울리는 낭만적인 콘서트이자 희망이 피어나는 페스티벌 같았습니다.

평화롭고 붓다적인 삶을 일깨워주신 아잔 브람께 깊이 감사드립니다. 또한 '세계명상 힐링캠프'의 준비위원으로서 헌신적으로 애써주신 사형 정명 스님, 티베트 수행과 간화선 등 세계 각국의 명상 수행에 조예가 깊으신 원담 스님, 태국과 선방 수행에서 수좌이셨던 효암 스님, 미얀마 밀림과 한국 선방에서 경·율·론 삼장을 겸비한 수행자이자 종회의원이신 제정 스님, 아울러 저의 도반인 대위·광명·맥산·혜원·도신 스님과 번역을 도와주신 동시통역사 홍희연 선생님께도 깊은 감사를 드립니다. 이분들의 도움이 없었다면 《슬프고 웃긴 사진관》은 세상에 나오지 못했을 것입니다.

특히 부족한 저를 항상 일깨워주시고 노심초사 자비의 경책을 내려주셨던 저의 영원한 스승님이시자 은사 스님이신 대장로 보광 큰스님께 이 은공을 회향합니다.

모두 다 행복하고 평안하시길.

2013년 6월
이름 없는 수행자가 되고 싶은 자

차례

서문 • 4
편역자 서문 • 6

첫 번째 인생 사진	한 대 맞으면 한 번 웃음을 터뜨려라 • 10
두 번째 인생 사진	결혼과 개똥 • 18
세 번째 인생 사진	나의 모기 스승님들 • 26
네 번째 인생 사진	시험을 잘 보는 비장의 기술 • 32
다섯 번째 인생 사진	불자와 기독교인이 축구를 한다면 • 38
여섯 번째 인생 사진	죽음 콘서트 • 44
일곱 번째 인생 사진	땅으로 올라온 올챙이의 깨달음 • 52
여덟 번째 인생 사진	인생의 삼십 퍼센트는 실수다 • 60
아홉 번째 인생 사진	마음의 보름달 • 68
열 번째 인생 사진	찌푸린 얼굴로 설거지만 하는 여자 • 74
열한 번째 인생 사진	인도에는 relax 신호가 있다 • 82
열두 번째 인생 사진	수행자와 수감자의 결정적 차이 • 90
열세 번째 인생 사진	죄를 뉘우치게 하는 특이한 방법 • 98
열네 번째 인생 사진	생의 마지막에 우리가 마주치게 되는 진실 • 106
열다섯 번째 인생 사진	주지 스님은 누구를 희생시켰을까? • 114
열여섯 번째 인생 사진	돌고래와 남편을 훈련시키는 미끼 • 122
열일곱 번째 인생 사진	고통을 놓아버리는 화장실 세리머니 • 130
열여덟 번째 인생 사진	화를 내는 바보들을 대하는 법 • 138
열아홉 번째 인생 사진	온천 마사지가 진정한 명상인 이유 • 144

스무 번째 인생 사진	서투른 운전사 훈련시키기 • 152	
스물한 번째 인생 사진	비가 내리니까 날씨를 바꿔주세요 • 158	
스물두 번째 인생 사진	쥐덫에 걸려 죽은 소 이야기 • 166	
스물세 번째 인생 사진	결혼과 독신, 어떤 것이 행복할까? • 174	
스물네 번째 인생 사진	의사는 치료하는 직업이 아니다 • 180	
스물다섯 번째 인생 사진	과거와 미래라는 두 개의 쇼핑백 • 186	
스물여섯 번째 인생 사진	들어가는 귀와 나가는 귀 • 196	
스물일곱 번째 인생 사진	에너지 일으키기 • 202	
스물여덟 번째 인생 사진	화가 난 사장에게 계약을 따내는 비결 • 210	
스물아홉 번째 인생 사진	만약 지금 이대로 충분하다면 • 218	
서른 번째 인생 사진	정글에서 개구리를 먹으면서도 행복해 • 226	
서른한 번째 인생 사진	내 마음속의 거짓말쟁이 • 232	
서른두 번째 인생 사진	고요하게 멈출 때 찾아오는 것 • 238	
서른세 번째 인생 사진	새들은 어디에나 둥지를 튼다 • 246	
서른네 번째 인생 사진	달콤한 고추를 찾아서 • 256	
서른다섯 번째 인생 사진	불교의 지혜가 우리 삶에 선물하는 것들 • 264	
서른여섯 번째 인생 사진	오후면 골프 치러 가는 좋은 상사 • 272	
서른일곱 번째 인생 사진	남을 위한 친절, 나를 위한 친절 • 280	
서른여덟 번째 인생 사진	흠잡는 마음을 위한 치료약 • 288	

○ 첫 번째 인생 사진

한 대 맞으면
한 번
웃음을 터뜨려라

저는 가끔 태국의 북부로 여행을 떠납니다. 사십여 년이 지난 일인데, 그때 저는 작은 트럭 뒤 칸에 실려 절에서 절로 힘들게 가고 있었습니다. 제가 탄 트럭은 움푹 파인 구덩이들로 범벅이 된 길 위를 아슬아슬하게 균형 잡으며 달렸습니다. 그때는 시내 중심가를 빼고는 제대로 된 도로가 없던 시절이었습니다. 비포장 길들은 참으로 힘했습니다. 금방이라도 전복될 것 같은 작은 트럭의 뒤 칸은 나무 의자인데다가, 그 위로는 쇠로 된 봉들이 둘러쳐져 있었고 천도 씌워져 있었습니다.

우리를 태운 트럭이 구덩이들로 인해 아래로 털석 내려앉으면, 그 순간 저는 위에 있는 쇠봉에 머리를 부딪쳐야만 했습니다. 그리고 이 고통은 절에 도착할 때까지 구덩이들을 만날 때마다 계속 되었습니다. 그때는 정말 아팠습니다. 저는 서양 사람이라서 다른 사람들보다 키가 컸기 때문에, 수행승들 중에서 가장 먼저 천장에 머리를 박았습니다. 게다가 저는 삭발한 수행승이라서 머리에 머리카락이 없었습니다. 말하자면 머리를 보호할 수 있는 '패딩'이 없으니까 쇠봉에 머리를 찧을 때마다 무척 아팠습니다.

그래서 저는 영국 사람들이 흔하게 하듯이, 머리를 찧을 때마다 욕을 했습니다. 그런데 트럭이 구덩이를 지나갈 때마다 태국인 수행승들은 웃음을 터뜨리고 있었습니다. 욕도 안 하고 말입니다. 저는 그 수행자들을 도저히 이해할 수 없습니다. 이렇게 머리가 아픈데 어떻게 웃음이 나온단 말입니까?

출가하기 전에 저는 과학자였기 때문에 한번 조사를 해봐야겠다고 생각했습니다. 우선 저 수행승들은 이미 머리를 너무 많이 찧어서, 머리에 무언가 문제가 생겨서 웃는 거라고 생각했습니다. 그렇지만 그들은 정신이 나간 사람들이 아니었습니다. 그 사실은 제가 잘 알고 있었습니다.

그래서 저는 한 가지 마음을 먹었습니다. 다음에 제 머리가 또다시 트럭 쇠봉에 부딪힌다면 그때는 욕하지 말고, 한번 웃어보자고 말입니다. 저는 어떻게 되는지 그냥 한번 지켜보기로 했습니다. 몇 분 후, 트럭은 다시 구덩이를 지나갔고, 차는 밑으로 털석 주저앉았고, 저는 다시 위로 붕 떠서 머리를 쇠봉에 쾅! 쾅! 찧었습니다. 바로 그 순간, 저도 웃음을 터뜨려 보았습니다.

그때 저는 삶에서 아주 중요한 비밀 하나를 발견했습니다. 그것은 고통스러울 때 웃으면, 훨씬 덜 아프다는 것이었습니다. 제 말이 믿기 어려우면 옆 사람에게 머리를 한번 때려달라고 부탁해보십시오. 그리고 웃어보세요. 웃으면 실제로 훨씬 덜 아프다는 사실을 깨닫게 될 겁니다. 누구나 비슷하지만, 제 삶도 종종 어렵고 힘듭니다. 아잔 브람으로 사는 건 쉬

운 일이 아닙니다. 오늘은 인도네시아에서 열이틀 동안 여러 곳을 다니면서 수차례 명상 강의를 하고서 방금 이곳에 도착했습니다. 인도네시아에서 가장 힘들었던 것은 사람들이 저와 사진을 찍고 싶어 한다는 것이었습니다. 자바섬 중앙에는 세계 최대 불교 유적인 보로부두르Borobudur 사원이 있는데, 그곳에서도 서너 시간씩 사람들과 사진 촬영을 해야 했습니다. 쉴 새 없이 사진을 찍다가, 저는 보로부두르 유적의 돌이 부식된 것을 보았습니다. 마치 제가 그 돌 같은 느낌이었습니다.

한편 홍콩에서의 마지막 달도 비슷했습니다. 저를 만나면 사람들은 사진! 사진! 외쳤습니다. 그날도 제가 강의를 마치고 사람들에게 화장실에 가겠다고 말한 뒤, 겨우 화장실 안으로 들어갈 수 있었습니다. 그런데 그곳에서도 저를 알아본 사람들은 달려와 사진을 찍자고 했습니다. 화장실 안에서 도망갈 데도 없는데, 이럴 때 저는 어떻게 해야 합니까? "저, 좀 제발 내버려두세요! 스님도 화장실은 가야 합니다." 그렇게 해야 할까요? 아닙니다. 그 대신 저는 활짝 웃었습니다.

여러분, 저쪽에 아산 브람의 편지가 있습니다. 아잔 브람이라고 생각하고 달려가지 마십시오. 그것은 다만 편지일 뿐이란 것을 잊지 마십시오. 싱가포르항공사의 승무원 사진처럼 말입니다. 오늘은 아잔 브람과 사진을 찍는 대신, 가서 편지를 봐주십시오. 여러분은 저를 부식되지 않게 해주십시오.

웃음은 육체를 위한 약뿐만 아니라 마음을 위한 최고의 치료약입니다. 우리의 삶은 종종 힘듭니다. 아내가 무척 화가 나 있고 신경이 곤두서 있으면, 아내를 향해 한 번 웃어주세요. 그래도 아내가 때린다면, 다시 한 번 여러분의 상사인 아내를 향해 활짝 웃어주는 걸 잊지 마십시오.

바로 그것입니다. 삶에는 행복한 순간도 있고, 어려운 순간도 있습니다. 우리는 어려운 순간이 되면 부정적으로 반응합니다. 그렇지만 지혜로운 사람이라면 무엇이 되었든 그것을 있는 그대로 받아들입니다. 실수에 마음의 문을 열어 보입니다. 화내지 않고, 그 실수들을 그냥 웃어버리면 됩니다. 우리는 끝없이 반복되는 스트레스에 시달리면서 고통을 피하려고 하고, 그 과정에서 종종 화내고 우울해집니다. 부정적인 마음 상태는 우리를 평화가 아니라 더 심한 동요로 이끕니다. 그런 상태는 행복을 무너뜨리고 고통으로 이끄는 나쁜 습관입니다. 저도 살아가면서 많은 실수를 저지릅니다. 저를 보면 사람들은 "스님, 왜 화가 생겨납니까? 왜 분노, 비탄, 불만, 침울함, 헐뜯기 같은 부정적인 태도가 생깁니까?"라고 묻습니

다. 아주 현명한 질문입니다. 이러한 마음은 스트레스를 받기 때문에 생깁니다. 이러한 태도가 사라지도록 그대로 내버려 둔다고, 마치 로봇처럼 아무 감정도 없는 상태가 되는 건 아닙니다. 사랑, 용서, 즐거움, 고마움 같은 긍정적인 감정들이 일어나도록 웃어야 합니다. 웃으면 부정적인 생각이 줄어들면서 훨씬 덜 힘듭니다.

웃으면 많은 엔도르핀이 나온다는 사실은 여러분도 잘 아실 것입니다. 제가 직접 들은 이야기인데 엔도르핀은 심장 발작으로 인해 공황 상태에 빠진 사람을 낫게 할 정도였다고 합니다. 엔도르핀은 근육의 모든 긴장을 풀어주면서 면역 체계까지 좋아지게 했던 거였습니다. 저는 여러분이 어떤 상태에 있는지 입술 모양만 보면 금방 알 수 있습니다. 입술 꼬리가 아래로 처지면 부정적인 태도를, 입술선이 수평선을 그리면 부정적인 태도가 그렇게 많지 않다는 것입니다. 입술 꼬리가 위로 올라가 있으면 긍정적인 태도를 말해줍니다. 여러분도 입술 꼬리가 위로 올라갈 수 있도록 많이 웃으십시오.

오늘 이야기는 여기까지입니다. 오늘밤 우리는 농담도 나누었고, 많이 웃고 사랑했습니다. 법문을 들으면서 마음이 편안해졌다면 좋은 일입니다. 사실 아무것도 기억할 필요는 없습니다. 그리고 이런 것들이 실제로 효과가 있다는 것을 여러분은 집으로 돌아가면 깨닫게 될 것입니다. 만일 여러분이 오늘 저녁 이곳에서 즐거운 시간을 보냈다면, 가족들은 여러분을 좀 더 편안하게 느낄 것입니다. 그것은 다른 사람들에게 그만큼 더 친절해졌다는 이야기입니다. 여러분 스스로에 대해 미소 짓고, 삶에 웃음을 터뜨리십시오. 우리는 너무 오래 피로함과 함께 살고 있습니다. 이럴 때 최고의 치료약은 웃음을 터트리고, 또 웃음을 터트리고, 또 웃음을 터트리는 것입니다. 여러분이 다른 사람들에게 웃으면, 다른 사람들도 여러분에게 웃습니다.

○ 두 번째 인생 사진

결혼과 개똥

결혼에는 영원한 사랑을 약속하는 약혼반지와 결혼반지, 그리고 두 사람을 흔들어대는 고통 반지가 있다는 옛말이 있습니다. 결혼 생활에는 문제가 있을 수밖에 없다는 것입니다. 우리가 사랑할 때는 대부분 사랑하는 사람에 대한 이미지와 사랑에 빠집니다. 우리의 내면에는 이런 이미지가 너무도 강렬하게 살아 있어서 밥도 먹지 못하고, 잠도 자지 못하고, 아무것도 하지 못합니다. 여기서 여러분이 꼭 알아야 할 것은, 사랑하는 연인은 여자에게 혹은 남자에게 아름답게 보이지만, 실제는 갖고 있는 이미지와 한참 거리가 멀 수도 있다는 사실입니다. 그래서 사랑하는 사람과 결혼해서 이삼 년 함께 살다보면 여러분이 뜬눈으로 밤을 새워가며 생각했던 이미지들이 대체로 가짜였음을 깨닫게 됩니다. 그렇기 때문에 우리가 살면서 겪게 되는 많은 행복과 고통이 결혼에서 온다고 말하는 것입니다. 그렇다면 결혼을 좀 더 행복한 것으로 만들려면 어떻게 해야 할까요?

수행자로서 제가 속한 불교 전통 중 한 가지는 공식적인 결혼식을 집전하고, 주례를 하는 것입니다. 그렇게 제가 주례해서 결혼까지 했는데, 그 결혼 생활이 불행해지면 사람들은 저를 비난합니다. 그래서 저는 결혼을 앞둔 사람들에게 행복한 결혼 생활을 하라는 뜻에서 '닭과 오리' 이야기를 해줍니다.

어느 날, 갓 결혼한 부부가 점심을 먹고 호숫가로 산책을 나갔습니다. 호숫가를 나란히 걷고 있는데 어디서 소리가 들려왔습니다.

"꽥꽥! 꽥꽥!"

신부가 신랑한테 말했습니다.

"여보, 저 소리 들었어요? 닭이 우네요."

신랑은 말했습니다.

"이 소리는 닭이 아니야. 오리지!"

또다시 신부가 말했습니다.

"아니에요, 여보. 저 소리는 닭의 울음소리예요."

그 순간, 꽥꽥! 하는 소리가 다시 들려왔습니다.

신랑이 화난 목소리로 말했습니다.

"저 소리가 어떻게 닭이야? 오리지!"

울음이 섞인 목소리로 신부가 말했습니다.

"아니에요. 닭이에요."

거듭 신랑은 주장했습니다.

"오리라구!."

그때부터 신부의 눈에선 눈물이 떨어지기 시작했습니다.

"그렇지만 저 소리는 닭이 분명한데……."

신랑은 신부의 눈물을 보았습니다. 그리고 신부의 손을 잡

고 말했습니다.

"여보, 미안해요. 저 소리는 닭일지도 몰라."

두 사람이 산책하는 동안 호숫가에선 또다시 "꽥꽥! 꽥꽥!" 소리가 들려왔습니다.

저는 신랑이 지혜로운 사람이라고 생각합니다. 그 이유는, 사실 그 소리가 닭이든 오리이든 별로 중요하지 않다는 것입니다. 그것보다 중요한 것은 결혼한 두 사람의 사랑과 조화입니다. 우리는 살면서 얼마나 중요하지 않은 일들로 사랑하는 사람과 다툽니까? 사랑하는 사람과 싸우고 이혼하는 것보다 더 중요한 일은 이 세상에 없습니다.

바로 이 이야기는 결혼 생활에서 무엇이 더 중요한가를 깨닫게 해줍니다. "꽥꽥" 소리를 낸다고 꼭 오리가 아닐 수도 있습니다. 혹시 압니까? 후쿠시마 원전에서 방사능에 노출되어 이상한 유전자 변이가 일어난 닭일지도.

여러분은 살아 있는 모든 것들에게 친절하고 자비로우라고 배웁니다. 그런데 왜 여러분의 아내, 여러분의 남편에게만은 예외입니까? 그런 마음이 두 사람을 서로 싸우게 하기도 하고, 밤새 울게 만들기도 합니다. 고통을 알지 못하면, 고통을 겪을 수밖에 없는 것입니다. 서로 다툴 때 기분이 좋습니까, 아니면 나쁩니까? 기분이 나쁘다면 왜 그것을 던져버리지 않습니까? 이것이야말로 가장 훌륭한 방법인데 여러분은 별로 주의를 기울이지 않습니다. 그런 것을 붙잡고 있으면서 어떻게 지혜롭다고 말할 수 있습니까? 결혼 생활에서는 자기 자신만이 절대적으로 옳다고 주장하지 마십시오. "이건 확실하지 않아!" 하

면서 칼처럼 잘라내십시오. 무엇이든 잘라버리십시오.

"확실하지 않아! 확실하지 않아!"

여러분은 특별하고, 다른 사람들보다 더 지혜롭기 때문에 결혼의 고통을 피할 수 있을 것이라고 생각하지 마십시오. 여러분이 더 나은 사람이라서 다른 사람이 직면하는 결혼의 어려움을 피할 수 있을 거라고 생각하는 것은 오만입니다. 만일 지금 여러분의 아내가, 남편이 싸움을 걸어온다면 이 법문을 복사해서 상대방에게 주고 이렇게 말하십시오. "꽥꽥. 꽥꽥!"

한번은 말레이시아에 있는 대학에서 명상 강의를 했습니다. 제가 이야기를 마치자 한 여성이 일어나서 질문을 했습니다.

"스님, 오늘 아침에 남편이 저한테 거짓말을 했습니다. 더 이상 남편을 믿을 수 없는데, 이혼해야 하겠습니까?"

저는 그 여성에게 물었습니다.

"당신의 직업은 무엇입니까?"

그녀는 대답했습니다.

"저는 대학에서 수학을 가르치고 있습니다."

제가 다시 물었습니다.

"그럼, 통계를 한번 내어볼까요? 몇 년 동안이나 결혼 생활을 했나요?"

의아하다는 표정으로 그녀가 대답했습니다.

"결혼한 지는 삼 년 되었습니다."

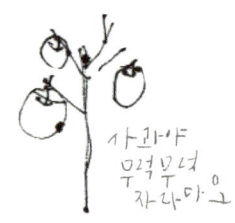

"자, 그럼 백 일을 한번 예로 들어봅시다. 그 백 일 동안에 남편이 적어도 이만 개의 이야기는 했겠네요? 틀릴 수도 있고 맞을 수도 있습니다. 그러면 이만 개의 이야기 중에 한 번 거짓말을 했습니다. 이것을 확률로 계산하면 남편이 앞으로 거짓말을 할 확률은 이만 분의 일입니다. 그렇다면 굉장히 신뢰할 만한 확률 아닙니까?"

여러분, 만일 이만 번 중에 한 번만 거짓말을 한다는 정치인이 있다면 당장 우리는 선거에서 그를 당선시켜야 합니다. 그렇다면 왜 그녀는 거짓말 하나에 이혼까지 하고 싶어 했을까요? 이만 번 가까이 진실을 이야기했는데, 그녀는 그것들을 모두 잊어버렸기 때문입니다.

우리는 이렇게 하나의 실수만을 보지 말고, 행복했던 다른 여러 가지 일들과 함께 바라봐야 합니다. 그렇다면 여러분의 아내와, 남편과 행복감을 느끼며 살 수 있고, 더 나아가 자기 자신의 실수에 대해서도 관대해질 수 있습니다.

그런네도 이것이 자꾸 잘못되어간다면 우리가 할 수 있는 게 한 가지 있습니다. 제가 어제도 똑같은 말을 했습니다. 오늘 여러분이 절에 왔다가 돌아가는 길에 개똥을 밟을 수도 있

습니다. 그 개똥이 여러분의 신발 밑창에 잔뜩 묻었다면 어떻게 해야 하겠습니까? 지혜로운 사람이라면 이 개똥을 긁어내지 않습니다. 그 대신에 이 개똥을 집까지 가져가서 집 앞에 있는 사과나무 밑에서 그 개똥을 긁어냅니다.

 이 개똥을 낭비해선 안 됩니다. 그러고 나서 일 년이 지나면 사과가 어느 때보다 달고 맛있게 익을 것입니다. 이때 달고 맛있는 사과를 먹으면서, 여러분은 무엇을 먹고 있는지 반드시 기억해야 합니다. 개똥을 먹고 있는 것입니다. 그날의 개똥이 아주 달고 맛있는 사과로 변한 것입니다. 그래서 일이 잘 안 풀리면 바깥으로 화를 풀지 말고 가슴에 잘 묻어두십시오. 왜냐하면 인생에 모든 고통과 실망은 바로 지혜와 자비심을 길러주는 가장 좋은 비료이기 때문입니다. 이것이 우리가 인생에서 조금 더 지혜로워지고 자비로워지는 방법입니다. 이것은 책에서 읽을 수 있는 이론이 아니라 일상생활에서 직접 쓸 수 있는 실용적인 지혜입니다. 그래서 다음번에 고통과 실망이 여러분을 찾아오면 이렇게 말하십시오.

 "와, 신난다. 이제 내 사과나무를 위한 개똥이 더 많이 생기겠구나!"

○ 세 번째 인생 사진

나의
모기 스승님들

태국에서 왓 파 나나찻Wat Pah Nanachat(국제 숲 사원)을 세운 곳은 열대림이었습니다. 당시 아잔 차 스님께서는 서양의 수행자들을 교육시키기 위해 새로운 절을 세우려고 저를 포함해서 몇 명의 수행자들을 그 터로 보냈습니다. 그곳은 오두막이나 화장실이 전혀 없는 빈터여서 우리는 바닥에서 그냥 잠을 자야 했습니다.

그리고 매일 저녁이면 예불을 위해 앉아 있어야 했는데, 무더운 날씨로 인해 모기들이 저한테 날아들었습니다. 말하자면 모기들의 저녁 식사 시간이었던 것입니다. 당시 모기들은 너무나도 가학적이었습니다. 저는 수행승이기 때문에 그런 모기들을 잡을 수도 없었습니다. 모기들은 무방비 상태인 수행승들을 자유롭게 물었습니다.

한번은 옆에 있는 스님과 제가 하룻밤 동안 얼마나 많은 모기에게 물리는지 세어서, 많이 물리는 사람이 이기는 게임을 하기도 했습니다. 그때 세어보니 저는 칠십 번 정도 물렸습니다. 하지만 여기저기를 동시에 계속 물려서 제대로 세는 것이 불가능했습니다. 참는다는 게 어렵다는 것을 그때 알았습니다. 정말 고문이 따로 없는 모기떼의 습격이었습니다. 그 사실을 절에 살고 있는 모기들도 분명 알고 있는 것만 같았습니다.

모기들은 곧바로 저를 물지도 않습니다. 우선 날갯소리를 내며 귓가를 맴돕니다. '곧 물거야! 곧 물거야!' 그러는 것만 같습니다. 도저히 참을 수 없어서, 하루는 뛰어서 도망칠 준비를 마음속으로 하고 있었습니다. 그런데 눈을 떠보니 아잔 차 스님과 마을 사람들은 편안하게 앉아서 명상을 하고 있었습니다. 저도 어쩔 수 없이 도망도 가지 못하고 모기들의 습격을 견뎌내야만 했습니다.

저는 결국 스승인 아잔 차 스님께 불만을 털어놓았습니다.

"스승님, 모기 때문에 저는 어떻게 할 수 없습니다. 무언가 처방을 내려주십시오."

단번에 아잔 차 스님께서는 말씀하셨습니다.

"안 돼."

그 대신에 스님은 저에게 아주 소중한 가르침을 주셨습니다.

"그대로 앉아 있어라. 그리고 그 모기를 '아잔 모기'라고 불러보아라. '아잔'은 '스승'이란 뜻이잖니. 그러면 그 모기들이 많은 것을 가르쳐줄 것이다."

아잔 차 스님의 말씀대로 그 모기들은 실제로 저한테 많은 가르침을 주었습니다. 그것은 인생을 바꾸는 깊은 통찰들 중 하나였습니다. 그제야 저는 저를 짜증나고 화나게 했던 모기들을 넘어서 편안해질 수 있었습니다. 이것이 제가 모기로부터 달아나는 방법이었습니다. 놓아버리는 것을 가르쳐준 모

기 스승님들한테 너무나도 고마웠습니다.

 돈은 결코 충분할 수 없습니다. 월급이 오르든 오르지 않든, 지금의 월급은 충분하지 않습니다. 설사 월급이 오른다고 해도 돈은 여전히 충분하지 않을 것입니다. 그러니까 지금 받고 있는 돈이 충분하진 않지만 그로 인한 스트레스는 조금 받는 편이 낫다는 이야기입니다. 승진해도 버는 돈은 충분하지 않으니까 말입니다. 그러니까 누군가가 승진한다면 승진하라고 하십시오. 속으로 "나는 지금 행복해!" 이러면서 말입니다.

 '나는 행복한데 아마 당신은 해야 할 일들 때문에 미칠 지경이겠지. 난 내 삶을 즐길 거야.'

 여러분이 어떻게 스트레스도 안 받고 승진에도 관심이 없을 수 있겠습니까? 마치 사장님처럼 일도 조금만 하고 말입니다. 이럴 때 여러분은 승진하지 마시고, 더 낮은 자리로 가면 됩니다. 더 단순한 일을 하십시오. 그렇다면 여러분은 스트레스를 덜 받을 것이고 삶은 훨씬 평화로워질 것입니다. 스트레스를 덜 받으면, 스트레스로 인한 돈을 덜 지불해도 된다는 이야기입니다. 높은 위치에 있지 않으면 스트레스를 풀려고, 예를 들어서 아잔 브람을 보러 비싼 돈을 늘여 여기까지 올 필요가 없습니다. 그러니까 여러분은 승진 대신에 더 낮은 직위를 택하시라는 겁니다. '조금 더'가 아니라 '조금 덜'을 택하십시오. 그러니까 진짜 불교도라면 낮은 직위로 가겠다고 손을 번쩍 드십시오.

이십오 년 전에 한 기업의 사장이 저를 찾아와 이런 이야기를 들려주었습니다. 거의 대부분의 사장들은 자신들이 좋아하는 사람을 승진시킨다고 했습니다. 더 나은 일을 하려는 사람이 승진해야 하는데, 사실은 그게 아니라고 말했습니다. 이 황금률을 기억해야 합니다. 사장이 찾는 사람은 믿을 만한 사람, 충성스런 사람입니다. 즉, 뒤에서 나쁘게 말하지 않을 사람이라는 이야기입니다. 일의 성과가 아무리 좋아도 뒤에서 나쁘게 말하는 사람은 승진할 수 없습니다. 믿음이 안 가는 사람이면 승진하기 어렵다는 말이었습니다.

여러분들도 이 이야기에 공감할 것입니다. 그렇다면 여러분의 상사가 부정적인 태도를 보일 때는 어떻게 해야겠습니까? 기분을 따르기는 쉽습니다. 그렇지 않습니까? 그러나 그것은 고통을 일으킵니다. 고통이 여기 있으면 저쪽으로 달아나고, 고통을 끌고 다니며 떨쳐버리지 못합니다. 이것은 부모님과의 관계에도 해당될 것 같습니다. 어떻게 짜증스런 상황을 방어할 수 있는지를 배우는 건 별로 효과가 없습니다. 상사가 여러분을 위해 무엇을 해줄 수 있겠습니까? 상사에게 소리를 지르시겠습니까? 여러분이 왜 거기에 있는지를 아시지 않습니까?

부모님한테도 마찬가지입니다. 들어가고 싶든 나가고 싶든 "예, 사장님" "예, 사장님" 그래야 하지 않습니까. 남편과, 아내와도 마찬가지겠지요. "예, 여보" "예, 여보" 말입니다. 여러분은 결정권자가 아니라서 상사가 일을 좀 더 하라고 하면 "예, 사장님" "예, 사장님" 평소대로 하면 됩니다.

부모든, 직장 상사든 누가 되었든지 간에 그들에 대해서 부정적인 느낌이 들 때는 제 말을 기억하십시오. 그런 생각들을 모두 '스승'이라고 생각하면 배울 게 많다는 것입니다. 집착을 놓아버리고 그것들에게서 배우십시오. 저도 그렇게 저를 짜증나고 화나게 했던 모기들을 '아잔 모기'라고 부르니까 모기를 넘어서 편안해질 수 있었습니다.

상사가 되었든, 어머니 아버지가 되었든, 누가 되었든 간에 무언가 짜증스러운 일이 있으면 그것을 '아잔'이라고 불러보세요. '아잔'은 삶에 대해 정말 많은 것들을 가르쳐 줄 것입니다. 그리고 이런 지혜를 가진다는 것은 우리의 삶에 힘이 되어줍니다. 오늘 저녁 제가 여러분에게 주는 선물은 바로 이것입니다.

○ 네 번째 인생 사진

시험을 잘 보는 비장의 기술

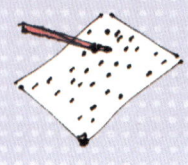

케임브리지 대학 시절, 저의 마지막 기말 시험은 이론물리학에 대한 것이었습니다. 저의 대학 경력이 이 시험에 전부 달려 있었기 때문에 육체적으로도, 정신적으로도 아주 힘들었습니다. 그동안의 학교생활과 관계없이 통과하느냐 통과하지 못하느냐의 문제였으니까 말입니다. 자연과학, 이론물리학 시험은 월요일 아침 세 시간짜리 시험으로 시작했습니다. 아홉 시부터 열두 시까지 시험을 치르고 잠깐 점심을 먹고 나면, 다시 한 시부터 네 시까지 오후 시험을 치러야만 했습니다. 월요일과 똑같이 화요일에도, 수요일에도, 목요일, 금요일, 토요일도 시험은 계속 이어졌습니다. 일주일 동안 휴식 없이 연속적으로 시험을 치르는 것은 커다란 고문이었습니다. 만일 국제사면위원회가 이러한 사실을 알았다면 케임브리지 대학 총장을 감옥에 보냈을지도 모를 일입니다. 당시 이 시험은 학생들에게 너무나 스트레스를 주었기 때문에 자살하는 학생들도 종종 있었습니다. 그만큼 스트레스가 심한 시험이었습니다.

저는 기말 시험 기간 동안 오전 시험을 치른 뒤, 점심을 먹으러 카페테리아에 가지 않았습니다. 그 대신 기숙사 방으로 돌아가서 방석에 앉아 명상을 했습니다. 그런데 제가 눈을 감았을 때, 제일 먼저 떠오른 생각이 무엇인줄 아십니까? 방금까지 치렀던 오전 시험에 대한 것이었습니다. 과거였습니다.

저는 생각하기 시작했습니다. '내가 그 질문에 정확하게 답을 작성한 것일까? 좀 더 설명을 덧붙여야 하지 않았을까?' 하는 시험과 관련된 걱정을 했습니다. 하지만 아무것도 바꿀 수 없다는 사실을 여러분도 잘 알고 있을 것입니다. 오전 시험은 이미 끝난 것입니다. 이미 잘 치렀든 못 치렀든, 너무 늦었었습니다. 그렇지만 그 상황에서 여러분 가운데 몇 명이나 이 사실을 분별할 수 있겠습니까?

그 당시 저는 여행 가방의 비유를 훈련했었기 때문에, 그것을 내려놓을 수 있었습니다. 이것은 정말로 중요했습니다. 비중이 큰 시험은 오후 시험이었는데 나중을 대비해 휴식을 취할 수 있는 좋은 시간이 되었으니까요.

저는 과거에 대해 걱정을 하고 있을 수 없었습니다. 그런 행동은 미래에는 아무런 도움도 되지 않는 것입니다. 그때 저는 그것들을 모두 내려놓았습니다. 그러자 그 다음엔 무엇이 머릿속에 떠올랐는지 아십니까? 한 시간도 남지 않았던 오후 시험 걱정이었습니다. 책을 꺼내서 공부를 더 해야 하는 건 아닐까? 그때 제가 알아챈 것은 마지막 삼십 분 전에 공부한 것은 절대로 시험에 나오지 않는다는 사실이었습니다. 완벽한 시간 낭비입니다. 그래서 저는 삼십 분 후에 있을 큰 시험을 대비해서 쉬면서 긴장을 풀었습니다. 저한테는 그것이 가

장 좋은 시험 준비였습니다.

여러분은 이러한 두려움을 내려놓을 수 있으십니까? 저에게 기말 시험은 정말로 두려운 일이었습니다. 그러나 그때 저는 다행히 '미래'라는 여행 가방을 내려놓을 수 있었습니다. 왜냐하면 휴식의 중요성을 알았기 때문입니다.

제가 과거와 미래를 내려놓자마자 인식하게 된 것이 무엇인지 아십니까? 저는 두려움으로 인해 불안하게 몸을 떨고 있었습니다. 그때까지 제가 그렇게 불안해하는 사람이라는 것을 미처 모르고 지냈었습니다. 그것은 큰 스트레스를 주는 상황이었습니다. 저는 제 삶이 이 시험에 송두리째 달려 있다고 생각했습니다. 만약 제가 그때 시간에 대해 알고 있었더라면, 수행자가 되었지 시험에 대해 걱정하지 않았을 것입니다. 그러나 그때 저는 그것을 몰랐기 때문에 몸을 마구 떨고 있었습니다. 시험에 너무 마음을 빼앗겨서 제 몸에 대해 전혀 주의를 기울이지 못했습니다.

하지만 여러분이 신체적인 문제들에 대해 인식한다면 그것을 사라지게 하는 것은 쉽습니다. 많은 사람들이 건강 문제를 갖고 있는데 그것은 우리가 자신의 몸에 대해 알지 못하기 때문에 일어나는 것입니다. 만일에 병이 있다면, '가슴에 있는 종기', '뇌에 있는 문제들' 이런 식으로 생각하면 됩니다. 우

리는 과거와 미래에 사로잡혀 있어서 너무나 바쁘기 때문에 자기 몸에 무슨 일이 일어나고 있는지 알아채지 못한 채 살아갑니다. 그리고 우리는 어떻게 긴장을 풀고 그 문제들을 다뤄야 하는지 모르고 있습니다.

제가 마음챙김Mindfulness을 했을 때 몸이 떨고 있다는 것을 알아차리자, 긴장을 푸는 것은 쉬웠습니다. 저는 몸에서 조금씩 긴장이 풀리는 것을 가만히 지켜보았습니다. 휴식을 하면서 몸의 반응에 주의를 기울였습니다. 그러자 떨림이 조금씩 멈추었습니다. 그리고 삼십 분의 명상을 통해 제가 마지막으로 인식한 것은 저의 뇌가 얼마나 지쳐 있었는가 하는 것입니다. 그것은 완전히 지쳐 있었습니다. 저는 그때 너무 스트레스를 받은 상태여서 뇌가 피로한 줄도 몰랐습니다.

시간이 지나서야 제가 얼마나 정신적으로 힘든 상황이었는지 알 수 있었습니다. 마음을 알아차리자 휴식하고 아무것도 하지 말라는 몸의 요청을 들어줄 수 있었습니다. 삼십 분이 지나자 저는 편안해지면서 에너지가 생겼습니다. 그때 기말시험에 편안한 얼굴로 시험을 보러 간 학생은 아마도 저밖에 없을 것입니다. 덕분에 저는 오후 시험도 스트레스 받지 않고 잘 치를 수 있었습니다.

여러분은 중·고등학교에서, 대학에서, 회사에 입사하기 위해, 승진하기 위하여 살아가면서 수많은 시험들을 치릅니다. 이렇게 철저하게 시험받고 심사받는 날들이 많다는 사실은 우리도 모르는 사이에 스스로를 긴장하게 만듭니다.

오늘 제가 시험을 잘 치르는 한 가지 비밀을 알려드리겠습니다. 인생의 시험들을 치를 때, 제가 앞에서 말해드린 방법을 써보십시오. 정말 지혜로운 시험의 기술은 놓아버리고 완전하게 쉬는 것입니다. 여러분은 잠시 멈추고 쉬기만 하면 됩니다. 과거와 미래를 내려놓고 마음을 맑게 해서 에너지가 넘치게 해보십시오. 여러분이 그럴 수만 있다면, 인생의 모든 시험들을 웃으면서 통과할 수 있습니다. 그러면 예상치 못한 좋은 결과까지 따라올 것입니다. 웃는 얼굴로 인생의 시험장에 들어가십시오.

○ 다섯 번째 인생 사진

불자와 기독교인이
축구를 한다면

우리가 가슴에 가지고 있는 그것! 거기에 자리 잡고 있는 것을 바라보려고, 저는 교도소의 죄수들을 만날 때마다 그들 개개인의 범죄가 무엇이었는지 절대로 물어보지 않습니다.

제가 불교 수행자로서 하는 중요한 일 가운데 하나가 감옥에 있는 죄수들을 방문하는 일입니다. 저는 그동안 호주, 싱가포르, 유럽의 여러 나라에 있는 감옥들을 방문했습니다만, 아직 한국의 교도소는 가보지 못했습니다. 그런데 제가 이렇게 여러 곳의 감옥을 다니면서 경험한 것은, 단 한 번도 살인자를 본적이 없고, 도둑도, 범죄자도 만난 적이 없다는 사실입니다. 제가 본 것은 살인을 한 사람, 물건을 훔친 사람, 사기를 친 사람 등등 죄를 저지른 사람들이었습니다. 저는 그들이 범죄 행위만 저지른 게 아니란 중요한 사실을 발견했습니다. 그들도 죄를 짓기 전에는 살면서 좋은 일을 많이 했다는 것이었습니다. 그런데 이렇게 좋은 일도 많이 했지만, 단 한 번의 실수와 그 잘못으로 인해 감옥에 수감된 것입니다. 그러니까 우리는 그 사람을 범죄자라고 생각하지 말고, 범죄 행위를 한 사람이라고 바라봐야 합니다. 만일 그들이 계속해서 범죄자 취급을 받고 범죄자라는 말만 듣게 된다면, 그들은 출소 후에도 계속 범죄자가 될 가능성이 높습니다.

그래서 저는 교도소를 방문할 때마다 범죄를 보지 않고, 그들의 더 좋은 점만을 바라봅니다. 서로 다른 종교를 믿는 사람을 만났을 때도 저는 마찬가지입니다. 서로의 종교가 가진 차이점을 먼저 보지 않습니다. 다 같은 종교인으로서 가진 공통점을 먼저 바라봅니다.

얼마 전 교도소의 담당 교도관에게 저는 좋은 소식을 전해 들었습니다. 저한테 명상 강의를 들은 죄수들은 형기를 다 마치고 출소한 후에 다시 감옥에 수감되는 빈도가 적다는 것이었습니다. 다시 말하면 또다시 범죄를 저지르는 사람들이 줄어들었다는 것입니다.

여러분, 여기서 우리는 한 가지 중요한 사실을 깨닫게 됩니다. 우리가 실수나 혹은 차이점에만 집중하게 된다면, 그것들이 점점 커져서 눈덩이처럼 불어난다는 사실입니다. 제가 죄수들의 친절하고 상냥한, 아름다운 마음에만 집중하니까, 그것들이 점점 커져서 그들이 감옥을 나간 뒤에는 다시 죄를 저지르지 않았다는 것입니다.

삼 년 전, 저는 싱가포르에서 열렸던 정신심리학회의에서 주제 발표를 했습니다. 창립 백 주년을 맞은 그 대학 병원은 싱가포르에선 정신병을 앓고 있는 환자를 치료하는 곳으로 이름난 곳이었습니다. 제가 주제 발표를 마치자 그곳의 한 전문의가 손을 들고 정중하게 부탁했습니다.

"스님, 저는 기독교인이지만 괜찮으니까 제가 치료하고 있는 병동에 오셔서 환자들을 축복해주십시오. 꼭 부탁드립니다."

제가 그 의사에게 물었습니다.

"이 병원은 다양한 정신병 환자를 치료하고 있는데 이곳에서 선생께서 책임지고 있는 전문 분야는 무엇입니까?"

"제가 맡고 있는 분야는 정신분열증입니다."

여러분도 정신분열증을 앓고 있는 사람들을 직접 혹은 간접적으로 만나봤으리라 짐작됩니다. 제가 다시 물었습니다.

"선생은 병동에서 이 정신분열증을 어떻게 치료하고 있습니까."

그는 환하게 웃으며 말했습니다.

"저는 정신분열증을 치료하지 않습니다. 방금 아잔 브람 스님이 말씀하신 것처럼 환자의 정신분열증이 아닌 그 다른 부분, 바로 그 부분을 저는 치료합니다."

바로 그 순간, 저는 너무나 감동했습니다. 그렇게 하면 아주 효과가 있다는 것을 저도 알고 있었기 때문이었습니다.

저는 다시 물었습니다.

"선생이 그렇게 하신 치료 결과는 어떻습니까?"

"다른 어떤 치료보다도 훨씬 더 좋은 성과를 얻었습니다."

그날 오후 저는 그가 맡고 있는 병동을 방문해 환자들을 만나서 축복해주었습니다. 사실 정신분열증이란 처음부터 없는 것입니다. 그 병동엔 정신분열증이 아닌 어떤 발작을 가끔 일으키는 사람만이 있을 뿐이었습니다.

그래서 사실은 기독교인이라는 것도 없는 겁니다. 자기 삶의 일부분 동안 기독교를 믿는 어떤 한 사람이 있는 것입니다. 마찬가지로 불자라는 것도 없습니다. 그의 가치 체계, 믿음 체계에 따라 불교를 믿는 사람만이 있을 뿐입니다. 서로가 공통으로 가지고 있는 것, 서로가 동의하는 것에만 초점을 맞춘다면 우리는 화합할 수 있고 행복도 저절로 따라옵니다.

그렇더라도 꼭 경쟁을 하고 싶다면, 불자와 기독교인이 팀을 나누어서 축구 경기를 해보십시오. 불자들은 놓아버려! 놓아버려! 상대방에게 넘겨! 그러면서 경기는 항상 불자들이 패배할 겁니다. 상대 팀이 골을 못 넣으면 대신 골도 넣어줄 겁니다. 불자라면 이기고 싶어 하지 않습니다. 먼저 화목하려고 합니다. 그런 다음에 승리할 것입니다.

농사를 지어본 사람은 잘 알 것입니다. 꽃에다 물을 주면 꽃이 자라고, 잡초에 물을 주면 잡초가 자랍니다. 그러니까 우리가 어떤 한 사람을 온전히 이해하려면 그 사람의 씨앗을 바라봐야 합니다. 여러분이 이런 점을 이해한다면, 다른 사람들의 아름다운 씨앗에 물을 주는 법을 터득하게 될 것입니다.

만일 여러분이 어떤 사람을 도울 수 없다면, 그것은 그 사람의 상황을 충분히 깊이 이해하지 않았기 때문입니다. 다른 사람을 도울 수 있는지 없는지는 그 사람의 좋은 부분을 알아보고, 거기에 물을 줄 수 있는 능력에 달려 있는 것입니다.

행동에는 몸으로 하는 행동, 말로 하는 행동, 마음으로 하는 행동 이렇게 세 가지가 있습니다. 마음으로 하는 행동은 나머지 두 종류의 행동보다 앞섭니다. 우주를 진동시키기에 충분하다는 말입니다. 여러분이 다른 사람에 대해 하는 말을 불교에선 구업口業이라고 합니다. 여러분이 하는 말이 괴로움을 가져오는가 행복을 가져오는가는 결과적으로 여러분에게 달려 있습니다. 그래서 정치든 종교든 무엇이든지 간에 우리가 서로 똑같지 않다는 것에 집중하기 시작하면 더 같아질 수 없고 불화만 점점 커집니다.

우리가 매일매일 다른 사람들 안에 있는 좋은 것을 알아보고, 거기에 물을 준다면, 바로 우리의 행복과 다른 사람들의 행복이 같이 따라올 것입니다. 여러분이 오늘 저녁 집에 돌아가면 할 일이 있습니다. 제가 하는 말을 종이에 잘 써서 가족들이 보이는 곳에 붙여놓고 날마다 소리내어 읽으십시오.

'꽃에다 물을 주면 꽃이 자라고, 잡초에 물을 주면 잡초가 자란다.'

○ 여섯 번째 인생 사진

죽음 콘서트

비행기를 타고서 세계 여러 나라를 다니는 저를 걱정하는 사람들이 많습니다. 저한테 비행기를 타고 가다가 폭발해서 저까지도 산산이 분해되면 어떡하느냐는 이야기였습니다. 요즘 비행기 테러에 관한 뉴스들이 자주 보도되니까 그런 것 같습니다.

이렇게 저를 걱정해주는 사람들한테는, 만일 공중에서 비행기가 폭파돼 죽게 된다면 세 가지 좋은 일이 있다고 우스갯소리를 합니다. 첫 번째는 매우 효율적입니다. 바로 그 장소에서 장례 절차 없이 죽게 되니까 돈을 쓸 필요가 없습니다. 두 번째로 보험금도 받게 됩니다. 세 번째가 제일 좋은 점인데 높은 곳에서 죽게 되면 천국에서 가깝기 때문에 천국으로 가기 쉽습니다.

제가 이렇게 농담을 하는 이유는, 사람들에게 걱정 좀 그만 하라는 뜻에서입니다. 항상 걱정을 하다 보니까 행복을 누리는 시간이 줄어들고, 없어집니다. 그래서 농담이라도 해서 사람들이 인생을 보는 눈을 바꾸고 좀 더 행복해졌으면 하는 바람이 있습니다.

저는 태국 북부 지역에서 구 년을 보내는 동안 수행승으로서 장례 의식을 집행했습니다. 그것은 제가 수행승으로서 맡은 중요한 일 가운데 하나였습니다. 구 년 동안 아주 많은 장례 의식에 참여할 수 있었는데, 단 한 번도 눈물을 흘리는 사람을 보지 못했습니다. 화장을 한 다음에도 가족들과 재미난 이야기를 나누었고, 슬퍼하는 것 같지 않았습니다. 한국에선 사랑하는 사람을 죽으면 많이 웁니까?

우리는 아기가 태어나는 날, 갓 태어난 아이의 울음소리를 듣고서 눈물을 흘리며 아주 행복해 한 경험들을 가지고 있습니다. 그런데 반대로 그 아이가 성장해서 나이가 들고, 생을 마감하게 되면 왜 눈물을 흘리며 슬픈 감정을 갖게 되는 것입니까? 관 속에 죽은 사람은 평화롭게 웃고 있는데, 나머지 주변 사람들은 슬픔을 이기지 못하고 눈물을 흘립니다. 이것은 잘못되었다고 생각합니다. 우리는 죽음도 슬프지 않게, 고통스럽지 않게 받아들여야 합니다.

저의 아버지는, 제가 열일곱 살 때 돌아가셨습니다. 저는 아버지를 아주 많이 사랑했습니다. 그런데 저는 아버지가 돌아가셨을 때 전혀 슬프지 않았습니다. 그리고 그 후로도 아버지가 돌아가셨다는 이유로 눈물을 흘린 적은 한 번도 없습니다. 왜냐하면 저는 그런 감정을 놓아버리는 법을 알고 있었기 때문입니다. 그때 제 감정은 마치 콘서트와 같았습니다.

저는 1951년 런던에서 태어났습니다. 그 덕분에 저는 레드

제플린이나 롤링 스톤스 같은 전설적인 그룹들의 콘서트에 종종 다닐 수 있었습니다. 한번은 콘서트에 갔는데 관객이 여섯 명밖에 없었습니다. 그 여섯 명 중 한 명이 저였습니다. 저는 공연이 취소될 거라고 생각했는데 예상 밖에도 밴드는 연주을 시작했습니다. 당시 리드싱어가 로드 스튜어트였는데, 지금은 세계적으로 유명한 가수가 되었습니다. 그때 그 콘서트에 갔던 기억은 아직도 저를 행복하게 해줍니다.

대부분 공연이 끝나면 모든 사람들이 벌떡 일어나 박수를 치면서 "앵콜! 앵콜!"을 외치지요. 그때도 그랬습니다. 그래서 밴드가 십 분간 더 연주를 했습니다. 밴드의 공연이 끝나자 저는 마음속으로 이런 생각이 들었습니다. '아, 얼마나 멋진 음악인가! 내가 다시는 이 음악을 듣지는 못하겠구나!'

콘서트가 끝난 뒤, 돌아 나오는 길은 비가 내려서 차갑고 눅눅했습니다. 그런 런던의 밤거리를 걸으면서도 마음속으로는 '이 음악을 다시는 못 듣겠구나!' 하는 생각이 들었습니다. 그렇지만 눈물을 흘리지는 않았습니다. 대신 제가 그런 멋진 음악 속에서 오랜 시간 동안 있었다는 사실에 대해서 결코 잊지 않을 것이기 때문에 오히려 행복감이 밀려왔습니다.

아버지가 돌아가셨을 때도 그때의 콘서트와 똑같았습니다. 저한테 아버지의 죽음은 훌륭한 음악 공연이 끝난 뒤 느낀 것과 마찬가지로, 슬픔이 밀려오는 것이 아니라 제 아버지처럼 훌륭한 분의 아들로 태어나서 너무나 행운이었다는 생각이 들었습니다. 그래서 영광스러웠고, 감사한 마음이 들었습니다. 슬픔은 죽었다는 상실을 보는 것이고, 콘서트는 함께 지냈던 시간에 대해 감사하는 마음입니다. 이것이 우리가 죽음을 바라보는 다른 관점입니다.

오늘 이 이야기를 들은 여러분은 소중한 가족이 죽음을 맞았을 때, 죽음에 대해서 슬퍼하기보다는 오랫동안 함께할 수 있어서 감사했다고 생각하십시오.

이렇게 관점을 바꾸는 것이 인생의 많은 고통을 사라지게 합니다. 저는 한국에 와서 한국의 자살률이 매우 높다는 사실을 알고 놀랐습니다. 저는 수행자로서 사람들이 왜 죽고 싶어 하는지 잘 알고 있습니다. 그런데 자기 스스로가 자신을 보는 방법을 바꿀 수 있다면 자살할 이유가 없어집니다. 전혀 그런 생각이 들지 않을 수 있습니다.

저는 다시 묻습니다. 부유함의 기준은 무엇입니까? 아마도 돈을 기준으로 한다면 부자가 아니지만, 행복으로 따졌을 때는 부자인 사람들이 많이 있을 겁니다. 한 사람이 가진 부를 어떻게 계산할 수 있겠습니까? 부유함은 결코 돈의 액수로만

따질 수 없습니다. 돈이 많고 적다는 것으로만 부유함을 따진다면, 저는 세계에서 가장 가난한 사람입니다. 제 이름으로 된 돈은 단 한 푼도 없습니다.

하지만 저는 전 세계 어디든 다닐 수 있고, 어디를 여행해도 많은 사람들이 저를 반가워합니다. 저에게는 좋은 친구들, 친절한 이웃들이 많습니다. 그래서 저는 제가 부자라고 생각합니다. 많은 친구가 있다는 사실은 멋진 일 아닙니까? 많은 사람들이 여러분을 돌봐주는 것도 마찬가지입니다. 많은 사람들이 여러분과 함께 있는 것을 즐거워하는 일도 멋진 일입니다. 그러니까 결코 더 큰 집, 더 큰 차에서 얻어지는 부유함이 삶의 목표가 될 수 없습니다.

우리는 살면서 행복, 평화, 사랑을 실천하려고 노력합니다. 그리고 그것은 단순합니다. 가족을 이루고, 아이들과 함께 많은 시간을 보내면 됩니다. 여기로 오면서 한 여성을 만나 우연히 서로의 추억을 나누었습니다. 그녀가 자신의 아버지가 도박 여행을 떠났다고 말했기에, 우리는 도박에 대해서 이야기했습니다. 어릴 적, 저는 아버지와 형과 함께 게임을 한 기억이 있습니다. 아버지는 형과 저에게 직접 용돈을 주지 않았습니다. 대신에 카드놀이를 했습니다. 말하자면 도박을 한 겁니다. 그런데 아버지는 항상 게임에서 지는 방식으로 용돈을 주셨습니다. 그리고 아버지는 그렇게 저의 형제와 시간을 함께 보내주신 것이었습니다. 직접 용돈을 주는 대신에 카드놀이를 하면서 말입니다. 아버지와 게임을 할 때는 형도 저도 지고 싶지 않았습니다. 그리고 오랜 시간이 지나고 나서, 저는 아버지의 의도를 알게 되었습니다. 아버지가 게임을 통해 자식들과 함께 시간을 보내고, 용돈도 주셨다는 사실을 말입니다.

제 인생에서 아주 멋진 가르침이 바로 거기에 있었습니다. 서로가 서로에게 시간을 내는 것, 그것이 중요한 것이라는 사실을 알았습니다. 그것은 제가 속한 불교의 목표이기도 합니다. 아울러 그것은 한 사회와 한 가족의 목표입니다. 인생의 목표는 더 큰 집이나 더 큰 차를 갖는 게 아닙니다. 아이들을 좋은 학교에 보내는 것도 아닙니다. 그냥 아이들을 행복하게 해주십시오. 얼마나 많은 사람들이 대학을 그만두고 억만장자가 됩니까? 인생에 성공을 가져다주는 건 대학에서 받는 교육이 아니라, 여러분이 마음에서 얻는 교육입니다. 그것이 바로 여러분이 아이들에게 북돋워줘야 할 부분입니다.

요즘은 가족끼리 거실에 같이 앉아 있어도 서로 대화를 나누지 않습니다. 문자 메시지를 보내거나 혹은 전화로 다른 사람과 이야기를 합니다. 가족 간의 대화가 점점 그렇게 줄어드

는 것입니다. 여러분, 아이폰과 아이패드의 전원 스위치를 끄십시오. 그리고 가족끼리 서로의 가슴속에 남을 콘서트 하나 만들어보십시오. 오늘밤 꼭 그렇게 해보십시오.

○ 일곱 번째 인생 사진

땅으로 올라온 올챙이의 깨달음

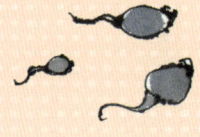

삼십 년 전쯤, 제가 태국 왓 파 나나찻(국제 숲 사원)이라는 절에 있을 때, 저 같은 서양 수행승들은 가끔 찾아오시는 아잔 차 스님을 위해 사우나실을 지었습니다. 당시 왓 파 퐁Wat Pah Pong(숲 사원)에 머물던 아잔 차 스님께서는 건강 악화로 인해 일주일에 한 번씩 제가 머물던 절로 사우나를 하러 오시곤 했습니다. 그 덕분에 우리는 귀한 스승을 가까이서 모실 수 있었고, 스님께서는 매주 사우나 전 법문法門을 통해 우리에게 가르침을 베풀어주셨습니다

그날도 여느 때처럼 아잔 차 스님께서는 사우나와 목욕 전에 법문을 해주셨습니다. 때로 그 내용이 너무나 훌륭하여, 듣고 나면 자연스레 명상에 들고 싶어지곤 했는데 그날이 바로 그런 날이었습니다. 여러분도 영감을 주는 말씀을 들으면 명상을 해 보십시오. 명상이 훨씬 수월할 것입니다. 저 또한 그날 스님께서 목욕하시는 동안 근처 조용한 곳을 찾아 가부좌하고는 더없이 행복하게 명상에 잠겼고, 정말 시간 가는 줄도 몰랐습니다.

얼마가 지났을까요. 제가 그 명상 상태에서 빠져나왔을 때는 스님의 모습이 보이지 않았습니다. 스님을 찾아서 사우나실로 서둘러 가는 길에 아잔 차 스님을 만났습니다. 저와의 거리가 일,이 미터쯤 되었을 때 스님께선 저를 꿰뚫어 보셨습

니다. 스님께서는 대가들만이 가질 수 있는 시선으로 저를 바라보셨습니다. 대가들은 마음속을 읽을 수 있습니다. 그때 아잔 차 스님께서는 제 마음을 읽고 계셨습니다.

저는 그때 제 마음이 아주 고요하다는 것을 알고 있었기 때문에, 스님께서 제 마음속을 들여다보도록 가만히 있었습니다. 그때 아잔 차 스님께선 저를 한 번 깨달음에 들게 해주어야겠다는 결심이 들었던 것 같습니다. 위대한 스님들은 스님들에서 그리하고 싶을 때는 대단히 큰 힘을 발휘합니다. 아잔 차 스님께서 저를 가만히 쳐다보실 때 저는 꼼짝할 수도, 움직일 수도 없었습니다. 그분의 눈에는 엄청난 힘이 있었지만 자비심이 가득했기 때문에 무섭지는 않았습니다. 아잔 차 스님께서 저에게 물으셨습니다.

"브람! 왜why?"

저는 잠시 멈칫하다 답했습니다.

"모르겠습니다. 아직 수행 중이니까요."

스님께서 기회를 주셨지만 저는 깨달음으로 나아가지는 못했습니다. 제가 좀 멍청해서 그랬겠지요. 아잔 차 스님께선 어린 제자가 스님의 기대를 부응하지 못할 때 때리지도 야단치지도 않습니다. 그때 저는 멍청함으로 스승님께 즐거움을 드렸습니다. 아잔 차 스님께선 다시 진지하게 말씀하셨습니다.

"누군가 '왜?'라고 물으면, 그것이 'Nothing(아무것도 없음, 아무것도 아님)'임을 바로 보아라."

스님의 말씀은 정신이 번쩍 들게 했고, 본질적인 깊은 감동을 안겨주었습니다.

아잔 차 스님께선 저에게 다시 말씀하셨습니다.

"이해하겠느냐?"

"네. 스님."

저는 대답했습니다.

"아니, 너는 이해하지 못한다."

스님께서는 다시 웃으셨습니다. 그리고 계속해서 걸어가셨습니다. 그날 아잔 차 스님께서는 깊은 통찰이 무엇인지를 알려주셨던 것입니다.

여러분의 의지는 자신을 방어하기 위해 움직이지 않습니까? 우리는 이것을 놓아버리면 세상에 너무 노출되는 것 같은 기분이 듭니다. 그래서 생각을 놓아버리는 것이 어렵습니다. 생각을 잘 하고 계획을 잘 세워야 여러분이 안전할 것 같기 때문입니다. 때문에 사고를 놓아버린다는 건 굉장히 두려운 일입니다.

누군가 여러분을 아프게 해도 모를 것 같고, 곳곳에서 두려움을 많이 경험합니다. 그것을 바로 놓아버리는 것에 대한 두려움입니다. 그 두려움을 극복하는 단 한 가지 방법은 명상에서 오는 순수한 즐거움입니다. 두렵긴 하지만 너무 재밌습니다. 그런데 너무나 훌륭하고 좋을 것이라는 사실을 알기는 하지만 할 수 없습니다. 너무나 매력적인데 두려워합니다.

그러나 일단 그 안에 들어가면 '그동안 무엇 때문에 두려웠을까' '마치 감옥에서 나가는 걸 두려워한 것과 똑같은 일이구나' '이렇게 자유를 맛보는 즐거움을 몰랐구나' 하고 깨닫게 됩니다. 그래서 여러분이 불안감을 경험할 수 있지만 좀 더 끝까지 가보면 이제까지 보지 못한 것을 찾게 되는 겁니다.

지금 마음, 의식이라고 부르는 이것은 무엇입니까. 마음이 무엇인가라는 것에 대해 이론을 펼친 사람은 굉장히 많습니다. 과학자들은 뇌에서 일어나는 화학작용의 부산물이라고 생각합니다. 기독교도, 힌두교도는 마음이 신과 똑같다고 합니다. 그런데 도대체 그들은 어떻게 마음이 무엇인지 알게 되었겠습니까. 항상 마음속에 둘러싸여 살면서 말입니다. 그것은 올챙이가 어떻게 물이 물인지 아는 것과 같습니다.

올챙이는 뛰어서 육지로 올라온 순간 물이 무엇인지 알게 됩니다. 올챙이의 몸에는 약간의 물이 아직 묻어 있습니다. 비록 물이 완전히 사라진 것은 아니지만, 그 상태에서도 물이

무엇인지는 알게 됩니다. 선정에 있는 사람이 의식이 남아 있기는 하지만 많은 부분이 사라졌기 때문에 마음이 무엇인지를 알게 되는 것과 같습니다.

마음은 여러분이 아닙니다. 마음은 제 말을 듣고 있는 여러분이 아닙니다. 어제 제 말을 듣고 있던 그 사람은 오늘 제 말을 듣고 있는 그 사람이 아닙니다. 이렇게 말을 하면 여러분이 느낌을 알 수는 있겠지만, 여러분 스스로 의식을 보기 전까지 완전히 이해할 수는 없습니다. 이것은 책에서도 얻을 수 없는 지식입니다.

오늘 이야기는 여기까지입니다. 사실 아무것도 기억할 필요가 없습니다. 항상 마음에 귀를 기울인다면, 항상 생각한다면, 모든 것은 그저 지나가지만 스스로 녹음기가 됩니다. 나중에 다시 틀어보아도 모든 것이 그대로 있습니다. 스스로의 테이프를 재생하는 순간 모든 것이 그대로 살아납니다.

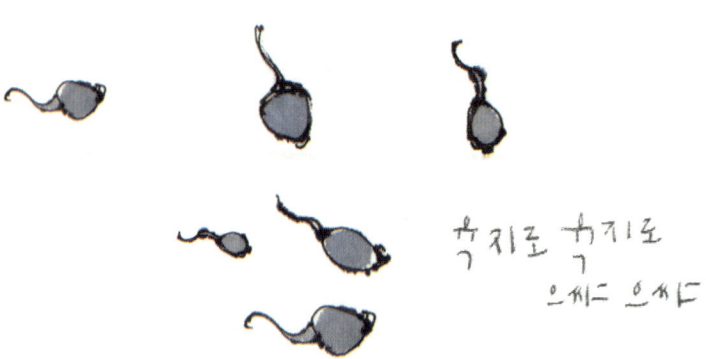

쥐도 쥐도
모씨도 모씨도

○ 여덟 번째 인생 사진

인생의 삼십 퍼센트는 실수다

인도네시아에 있는 한 학교에서, 제가 수학 교사로 지낼 때의 일입니다. 첫 교사 발령을 받고 난 지 얼마 되지 않아 저는 학생들에게 수학 시험 문제를 출제해야 했습니다. 교사 경력이 하나도 없었던 저로서는 시험 문제를 어느 정도의 난이도로 어떻게 출제해야 하는지가 아주 난감했습니다. 그때 옆자리에 앉아 있던 선배 교사가 저한테 멋진 조언을 해주었습니다. 그는 학생들의 평균 점수가 칠십 점이 되도록 시험 수준을 맞추라고 했습니다. 만일 학생들의 평균 점수가 삼십에서 사십 점이 된다면 학생들은 기가 죽어서 더 이상 수학을 공부하지 않게 될 것이라고 했습니다. 그리고 구십오 점에서 백 점으로 평균 점수를 맞추면 너무 쉬워서 또 공부하지 않을 것이라고 했습니다. 그래서 평균 점수가 칠십 점이라면 학생들 모두가 열심히 공부할 수 있다는 것이었습니다. 답을 맞추지 못한 삼십 퍼센트의 문제에 대해서는 이렇게 말해주면 된다고 일러주었습니다.

"애들아, 그 문제가 어려웠구나. 내가 수업 시간에 그것들을 충분히 설명해준 적이 없는 것 같아. 다음 수업 시간엔 그 문제들을 집중해서 설명해줄게."

이렇게 삼십 퍼센트의 실수는 우리가 더 배우고 성장할 수 있는 자리였습니다.

저는 그것이 우리의 삶에서도 똑같다는 사실을 깨달았습니다. 백 퍼센트를 얻고, 승승장구 성공하며, 항상 행복하고, 아무런 어려움도, 아무런 문제도 없다면 우리는 아무것도 배울 수 없습니다.

반대로 삼십 퍼센트 내지 사십 퍼센트 안에 든다면 여러분은 우울할 것입니다. 칠십 퍼센트는 우리 삶에서 적절한 수준입니다. 그러니까 살면서 삼십 퍼센트 정도는 실수를 할 거라고 예상하면서 살면 됩니다. 그 삼십 퍼센트는 언제나 우리가 배워야 하는 인생 수업의 일부분이고 좋은 것입니다.

우리가 살아가면서 아무런 실수도 저지르지 않는다면, 여러분은 아무것도 배우지 못하고, 삶에서 아무런 의미를 찾기 어려울지도 모릅니다. 삶은 백 퍼센트가 아니고, 삼십에서 사십 퍼센트도 아닙니다. 그것은 삼십 퍼센트의 실수를 저지를 수 있는 것입니다. 그렇게 저는 삶에서 일어나는 실수에 대해 마음의 문을 열었습니다.

저는 백 퍼센트 완벽한 삶을 살고 싶지 않습니다. 만일 우리의 삶이 모두 완벽하다면 정말 재미없고 싫증날 것입니다. 실수를 할 때 우리는 인간인 것입니다. 또 그래서 사랑스러울 수도 있는 것입니다. 완벽한 아내나 완벽한 남편과 살고 있다면 여러분은 아마도 미쳐버릴지도 모릅니다.

교사로서 저는 모든 아이들을 최고로 만들 수 없었습니다. 어떤 아이들은 중간에 있고, 어떤 아이들은 꼴지를 할 수밖에 없습니다. 그 시절, 저는 학기말에 학생들의 성적표를 적어야 했습니다. 삼십 명의 학생 중 한 명은 일 등, 한 명은 삼십 등을 해야만 했습니다. 당연합니다. 한 명은 꼭 삼십 등을 할 수밖에 없었던 겁니다. 원하든 원하지 않든 말입니다.

제가 성적표를 나누어주자 삼십 등을 한 학생이 고개를 푹 숙이고 바닥만 쳐다보고 있었습니다. 우울증의 첫 번째 신호였습니다. 실제로 그 학생은 두려워하고 있었습니다. 집에 돌아가서 씩씩하게 부모님께 성적표를 보여줄 자신이 없었던 것입니다. 어떻게 반에서 꼴찌를 했다고 말할 수 있겠습니까.

저는 그 학생에게 이런 말을 해주었습니다.

"불교에서 보살은 매우 존경받는 위치에 있단다. 많은 사람들이 보살을 경배하고 숭배하고 있지. 보살은 스스로 자기 행복을 희생하는 사람이란다. 다른 사람들이 어려움에 처하지 않게 하려고 말이다. 네가 바로 오늘 보살인 거다. 너는 일부러 반에서 꼴지를 하려고 결심을 한 거였지. 네 친구들이 아무도 부모님께 꾸중 듣지 않도록 말이야. 네가 오늘밤 부모님한테 친구들을 대신해서 꾸중을 듣는 거지. 넌 그렇게 자비로운 아이야. 네 친구들은 모두 이기적이어서 자기 자신만 생각

하지만, 넌 일부러 너 자신을 희생하겠다고 결정한 것이었지. 그렇지만 보살하는 건 이번 딱 한 번만이다. 다음번에는 그만 하는 거다."

그때 저는 농담을 했지만 그 학생은 위로받고 있었습니다. 그리고 꼴찌였던 그 학생은 또다시 보살을 하지 않는 것으로 저에게 기쁨을 주었습니다.

누구나 한 번쯤은 바닥으로 떨어집니다. 그때 우울해하지도 마시고 화도 내지 마십시오. 여러분의 아이들이 꼴찌 성적표를 받아와도 저처럼 이야기해보십시오. 자녀가 공부를 열심히 할 것입니다. 바로 그때 우리는 다른 무언가를 배울 수 있습니다. 학급에서 꼴찌를 한 건 그 다음에 올라갈 수 있는 길입니다.

흔히 우리는 요즘 우울한 시대에 살고 있다고 말합니다. 모든 사람들이 최고가 되기를 꿈꾸고 있기 때문입니다. 그렇지만 우리 대부분은 최고가 될 수 없습니다. 최고는 상위 십 퍼센트만 해당되니까 말입니다. 그러니까 우리는 그 틀에서 벗어나야 합니다.

여러분, 삼십 퍼센트의 실수, 그것이 바로 인생에서 가장 중요한 부분입니다. 바로 우리가 무언가를 배울 수 있는 지점입니다. 실수를 한다는 것, 그것은 바로 배움입니다. 우리의 삶에 그래서는 안 된다는 것은 없습니다. 그 일은 일어나야 하는 것이고, 그 일이 일어나는 게 좋은 것입니다. 거기서 바로 여러분은 진짜로 배움을 얻을 수 있고, 다음부터는 좀 더 주의하게 될 것입니다. 이것이 바로 말하자면 삶을 훌륭하게 성장시키는 고통입니다. 여러분, 배우시고 성장하십시오.

오늘 같이 이런 이야기를 여러분과 나누다 보면, 아잔 차 스님께서 해주신 말씀이 떠오릅니다.

"매해 가을이면 낙엽이 떨어집니다. 넓은 마낭을 청소할 때는 스님들이 줄지어 서서, 기다란 빗자루로 먼지를 일으키며

쌓인 낙엽을 쓸어냅니다. 낙엽들을 쓸다 보면 기분이 좋아집니다. 그러는 사이에도 숲은 계속 우리를 가르칩니다. 낙엽은 떨어지고 스님들은 쓸지만, 긴 길의 끝에 다다를 때쯤 이미 쓸어낸 길을 뒤돌아보면 새로이 떨어진 낙엽들이 저쪽 끝부터 길을 덮기 시작하며 다시 흩어져 있습니다. 심지어 쓸고 있는 동안에도 낙엽은 계속 떨어집니다. 이렇게 떨어지는 나뭇잎에 대해 이해할 때, 날마다 길을 청소할 수 있습니다. 그리고 늘 변화하는 이 땅에 살면서 우리는 행복할 수 있습니다."

쓸고 또 쓸고
또 떨어지네

○ 아홉 번째 인생 사진

마음의 보름달

제가 오늘 여러분이 잘 모르는 새로운 사실 하나를 알려드리겠습니다. 윈스턴 처칠은 제2차 세계대전이 한창 진행 중일 때 자신의 침대머리 맡에 불상을 두었다고 합니다. 처칠은 기독교를 믿었지만 머리맡에 불상을 놓아둠으로써, 비록 전쟁 중이지만 평화와 희망만은 살아 있다는 신념을 지키고 싶어 했다고 합니다.

또한 호주에서는 많은 정원에 불상이 놓여 있습니다. 정원에 예수님상이나 마리아상은 없고 아브라함상도 없는데 불상은 있습니다. 왜냐하면 불상이 세상 사람들에게 평화의 상징으로 각인되어 있기 때문입니다. 우리는 살아가면서 얼마나 평화가 중요한지 잘 알고 있습니다. 그렇다면 이 세상에 평화를 가져오고 지키기 위해서 불교의 원리들을 어떻게 활용하면 좋겠습니까? 제가 쓴 책들 중에 있는 이야기인데, 직접 겪은 일입니다.

여러분, 베트남전쟁이 끝난 후 태국에서 어떤 일이 있었는지 아십니까? 저는 당시 태국어를 유창하게 사용했고, 라오스어도 잘했습니다. 그때는 베트남에 이어서 라오스, 캄보디아까지 공산주의자들의 손에 들어가서 태국은 두려움과 공포에 떨고 있었습니다. 머지않아 태국도 공산권에 들어갈 것이라고 생각하기도 했습니다. 태국 곳곳에서도 공산주의 봉기가 일어났습니다.

당시 태국의 군부에선 봉기가 일어나는 지역을 '핑크 지역'이라고 불렀습니다. 어느 날 군부 지도자가 저한테 이렇게 말했습니다.

"아잔 브람 스님께선 핑크 지역에 들어가지 마십시오. 거기 가서 붙잡히게 되면 스님께서도 고문당하고 곧 죽음을 맞게 될 것입니다. 그들은 스님께도 그럴 수 있는 사람들입니다."

제가 태국 북동부를 자주 다닐 때였기 때문에, 저는 지날 때마다 그곳에 주둔하던 군인들에게 항상 물었습니다. 그러면 군인들은 이렇게 말했습니다.

"스님, 위쪽 지역으로 가지 마십시오. 그쪽은 공산주의자들이 있습니다. 이쪽 산으로 가서 명상을 하십시오. 그곳은 안전하고 평화롭습니다."

그때 태국 군부는 공산주의자들이 어디에 근거지를 두고 있는지 전부 알고 있었습니다. 당시 공산주의 봉기를 일으킨 사람들보다 태국 군부의 무기가 훨씬 강했습니다. 그럼에도 불구하고 태국 정부에선 한 번도 산으로 쳐들어가서 그들을 공격한 적이 없었습니다. 그들이 비폭력 정책을 폈기 때문입니다. 비폭력. 그것이 바로 불교입니다.

병사들이 저한테 이런 말을 했습니다.

"우리가 공산주의자 한 명을 죽이면 그들의 형제, 자매들이 또 공산주의에 들어가서 공산주의자가 됩니다. 우리가 공산주의자 두 명을, 세 명을 죽이면 또 그들의 형제, 자매들이 공산주의에 들어가서 또 두 명, 세 명이 공산주의자가 될 것입니다. 그렇게 되면 계속해서 적이 늘어날 뿐입니다. 폭력은 또 다른 폭력을 낳을 뿐입니다. 우리의 정부는 그것을 알고 있습니다."

폭력으로는 폭력을 끝낼 수 없다는 말이 아직도 제 귓가에 남아 있습니다. 저는 오랫동안 부시 대통령과 오바마 대통령에게 이런 이야기를 해주려고 노력했습니다. 폭력은 폭력으로서가 아니라 용서로서 끝낸다는 사실을 말입니다. 태국 정부는 완전한 사면 정책을 썼습니다. 당시 진을 치고 있던 공산주의자들에게 그곳을 나와 공산주의를 그만둔다면, 아무런 벌도 주지 않을 것이며 고향으로 돌아가도 좋다고 말했습니다. 그리고 아무것도 묻지 않겠다고 했습니다. 아울러 태국 정부는 본질적으로 태국의 선한 국민들이 왜 정부에 반기를 들어야만 했는지를 고민했습니다. 그 이유는 태국의 어떤 지역은 부자인데, 어떤 지역은 아주 가난하기 때문이었습니다. 그것은 세계 어느 나라에서나 생겨나는 빈부 격차였고, 한국에서도 사회 문제가 되고 있다고 들었습니다.

그래서 당시 태국 정부에선 시골 마을에 도로를 놓는 정책을 폈습니다. 도로를 놓으니까 전기가 들어갈 수 있었고, 전기가 들어가니까 병원이나 학교도 세울 수 있었습니다. 이 지역 사람들은 대부분 공산주의자들을 지원했지만, 전기가 들어오고 학교가 생기니까 "뭣하러 공산주의를 지원합니까. 이렇게 정부가 지원을 많이 해주는데요"라고 말했습니다. 그렇게 봉기를 하고 있던 공산주의자들은 한 명씩 두 명씩 차례로 산에서 내려와 집으로 돌아갈 수 있었습니다. 결국 마지막에는 몇몇 사람만이 산에 남게 되었는데, 그들마저도 스스로 자수했다고 합니다. 그 사람들은 태국 정부를 정복할 수 있는 위치까지 갔었지만 결국은 정부의 훌륭한 정책에 의해서 해체되고 말았던 것입니다.

그러니까 여러분, 끔찍한 범죄자들을 우리가 용서해야 하는 이유는 충분합니다. 태국 정부는 용서, 그 이상을 했습니다. 반란 주동자들을 완전히 사면했을 뿐만 아니라 많은 주동자들을 태국 정부의 주요 직책에 앉혔습니다. 그 사람들은 지도력도 높고, 실력도 높은 인재들인데 사형시킬 이유가 없었던 것입니다. 태국 정부는 이들을 포용하여 정부를 위해서 일하도록 했습니다. 그로부터 십오 년이 지난 뒤, 반란 주동자들 중 두 명은 태국 정부의 장관직에까지 올랐습니다.

이렇게 하는 것이 바로 평화를 이룩하는 방법입니다. 사람들을 용서하고 사면해주고, 왜 사람들이 그렇게 할 수밖에 없었는지를 이해해야 합니다.

여러분, 우리가 이웃들과 행복하고 편안하고 조화롭게 살기 위해선 여러분의 마음속에서 용서를 계발해야 합니다. 그리고 용서가 마음속에서 잘 자라도록 알맞은 영양분을 주고 바른 방향으로 이끌어주는 것이 중요합니다. 좋은 의도로 하는 행동은 보름달처럼 여러분 자신과 다른 사람들까지도 환하게 비추어줄 것입니다.

○ 열 번째 인생 사진

찌푸린 얼굴로
설거지만 하는 여자

오늘밤 잠자리에 들기 전에 설거지를 하지 마십시오. 그 대신에 더러운 그릇이 몇 개인가를 세어보면 됩니다. 그 다음에는 깨끗한 그릇이 몇 개인가도 세어보십시오. 만일 깨끗한 그릇이 더러운 그릇보다 많으면 설거지를 하지 말고 그냥 놔두시면 됩니다. 여러분은 그냥 마음을 들여다보며 쉬면 됩니다.

우리는 때때로 찌푸린 얼굴로 설거지를 하는 여자와 같습니다. 접시를 닦는 데만 신경을 쓰느라 몸이 피곤한지도 모르고, 마음이 깨끗하지 않다는 사실도 잊고서 살아가고 있습니다. 저한테 사람들은 슬픔을 어떻게 극복할 수 있냐고 묻습니다. 슬픔은 피로함 때문에, 자신의 마음을 들여다보지 않기 때문에 일어납니다.

여러분도 혹시 집에 들어가면 집안 구석구석을 말끔하게 청소하고, 박물관이나 미술관처럼 만들고 있지는 않습니까? 제가 당부하는데 그렇게 하지 마십시오. 집은 여러분을 위한 공간이고, 긴장을 풀고서 즐겁게 지내는 곳입니다. 집은 누군가를 초대하기 위한 공간이 아닙니다. 바로 자기 자신을 위한 곳이니까, 집이 더러워도 그냥 놔두십시오. 긴장을 풀고서 잠을 푹 자면 조금 덜 슬플 것입니다. 대체로 슬픔은 너무 피로해서 생겨납니다.

저는 호주 퍼스 지역에 명상 센터를 열었습니다. 그리고 각자에게 하나씩 방을 나누어주었습니다. 안거安居(외출을 삼가고 수행에 전념하는 기간)에 들면서, 우리는 아침 기상 종을 울리지 않았습니다. 명상을 시작하라고도, 점심을 먹으라고도 종을 울리지 않았습니다. 그래서 우리는 그 안거를 '종소리 없는 침묵'이라고 불렀습니다. 종도 울리지 않고, 차도 마시지 않고, 실컷 원하는 만큼 잠을 잘 수 있도록 했습니다. 다시 말

하면, 해야 할 일이 없다는 뜻입니다. 좋은 개를 훈련시키는 방법입니다. '파블로프의 개'를 다들 알고 있으시지요. 종을 울려서 무엇을 해야 한다고 알려주고, 또 종을 울려서 그것을 하라고 명령합니다. 그러면 너무 피로합니다. 저희 명상 센터에서는 누구나 원하는 만큼 잠을 잘 수 있습니다. 너무나 호화롭지 않습니까? 그렇지만 그것이 진정으로 우리에게 필요한 것인지도 모릅니다.

여러분도 휴가를 떠난다 하더라도 대개는 쉬는 게 아니지 않습니까? 새벽부터 일어나서 일출을 보러 가기도 하고, 쇼핑센터를 구경하기도 합니다. 혹시 사무실에 있을 때보다 더 바쁘게 움직이지는 않습니까? 그것은 진정한 휴가가 아닙니다. 긴장을 풀고 느긋하게 일어나서 아침밥을 맛있게 먹고 여유롭게 커피 한 잔을 마시는 것, 직장 상사에게 가봐야 할 일도 없고, 때맞춰 보고할 것도 없이 한가로운 시간, 그렇게 아무런 중압감 없는 상태를 즐기는 것이 휴가입니다. 여러분, 긴장을 푸십시오. 그러면 피로함이 훨씬 줄어드는 걸 느낄 수 있습니다. 나흘이나 닷새만 그렇게 아무 일 없이 지내면 피로함이 모두 사라지는 걸 경험할 수 있습니다. 그러면 누구나 행복해질 수 있습니다.

삶은 때때로 참 달콤합니다. 그런데 헐뜯기, 분노, 비탄, 불만, 침울함 같은 부정적인 감정들도 마찬가지지만 슬픔은 지쳤을 때 우리를 찾아옵니다. 그때는 긴장을 푸는 것만으로도 충분합니다. 능동적인 활동이 필요한 것이 아닙니다. 명상을 할 필요도 없습니다. 단지 긴장을 풀고서 우리의 몸을 배려하면 됩니다.

명상 센터를 찾아오는 사람들에게 저는 "마음챙김mindfulness! 마음챙김 하세요."라고 말합니다. 그런데 여러분은 '마음챙김' 한다는 게 무슨 뜻인지 잘 모르고 있습니다. 그것은 바로 여러분의 몸에게 물어보라는 뜻입니다.

'몸아, 오늘은 무엇을 하고 싶으냐?'

이렇게 물으면, 몸이 대답합니다.

'그냥 자고 싶어요.'

그때 여러분은 그냥 '그래'라고 말한 뒤, 잠을 자면 됩니다. 여러분의 몸이 무엇을 원하는지 물어볼 줄 안다면, 여러분 앞에 놀라운 일이 일어날 것입니다. 몸은 때때로 '운동을 해야 해' '과일이 필요해' '잠이 필요해' '난 정말 쉬어야 해'라고 그럽니다. 몸은 매우 지혜로우니까, 몸한테 물어오면 훌륭한 대답을 해줄 것입니다. 어떤 때는 '난 그냥 아무것도 하지 않고 긴장을 풀고 싶어'라고 할 것입니다. 이럴 때 대체로 슬픔이 사라지는 것을 경험할 수 있습니다. 그리고 아무것도 하지 않는 것, 그게 진짜 최고의 휴가라는 사실을 여러분은 깨닫게 될 겁니다.

제가 처음으로 안거에 들어갔을 때, 그것은 제가 경험한 최고의 휴가였습니다. 우리는 보통 휴가를 가면 호텔에 있는 모든 시설들을 이용하고, 룸서비스도 시킵니다. 하지만 안거에 들어가면 말도 안 하고, 옆에 종업원도 없으니까 음식도 주문할 수 없습니다. 음식을 주문할 수도 없으니까 주는 대로 먹고, 아무런 것도 기대하지 않습니다. 이야기를 하지 않으니까 논쟁도 일어나지 않습니다. 너무나 완벽하지 않습니까? 그러니까 여러분도 한번 경험해보시기 바랍니다.

여러분 중에는 오늘 이 법문을 들으면서 여전히 부정적인 감정을 느끼는 사람들이 있을 수 있습니다. 많은 사람들이 그럴 수도 있습니다. 왜냐하면 오늘 행사 준비가 잘 되지 않아서 의자도 부족하고, 제 얼굴도 잘 보이지 않을 테니까 말입니다. 더욱이 여기엔 많은 사람들이 옹기종기 모여 있습니다. 그렇지만 나쁘지 않다고 생각해보십시오. 삶은 결코 조직될 수 있는 게 아닙니다. 저도 오늘 지각했습니다. 모두가 일찍 올 수는 없습니다. 절반 정도만 일찍 올 수 있고, 나머지 절반은 늦을 수도 있습니다. 그것이 삶의 법칙입니다. 삶은 결코 '해야 한다'는 방식으로 이루어지지 않습니다. '해야 한다'

는 말을 기억하십시오. 그것이 바로 여러분의 문제입니다. '조직해야 한다' '의자를 가져다 놓아야 한다' '개인용 부채가 있어야 한다' '법문하는 동안 청중들을 위해 커피를 가져다줄 사람을 배치해야 한다' '아이디어를 내서 이 절을 완벽한 공간으로 만들어야 한다' '아잔 브람, 커피에 설탕은 몇 개 넣을까요?' 삶은 그렇게 되지 않습니다.

남편은 아내가 좀 더 준비성이 있고, 좀 더 예뻐야 한다고 생각합니다. 아내는 남편이 좀 더 부자여야 하고, 브래드 피트보다 더 잘생겨야 한다고 생각합니다. 물론 우리는 살면서 매우 많은 것들에 대해 '그래야 한다'고 말할 수 있습니다. 그렇지만 삶은 결코 그렇게 되지 않습니다. 만일 삶이 '그래야 한다'는 식으로만 된다면, 저는 그런 삶에 싫증날 것 같습니다. 저는 지금 이대로, 그대로의 삶이 훨씬 더 행복합니다. 혼란스럽고 온갖 실수들로 가득한 삶 말입니다.

우리가 무언가를 계획하고 행동할 때마다 대체로 완벽하지 못합니다. '이것으로 충분히 좋아'라고 말하고 받아들이십시오. 부족함에 대해 죄책감을 느끼지 마십시오. 강박증 장애를 앓고 있는 한 사람이 저한테 물었습니다. 어떻게 하면 자신의 업業(Karma)을 소멸시킬 수 있겠냐는 것이었습니다. 그는 업으로 인해 자신이 정리를 하고 깨끗이 청소한다는 강박

에 시달리고 있었습니다. 혹시 이 자리에도 그런 분 있으면 손들어 보십시오.

그게 바로 여러분의 모습니다. 편안하게 받아들이십시오. 저는 강박증을 나쁜 질병이라고 여기고, 그것에 시달린다는 죄책감을 갖는 게 더 나쁘다고 생각합니다. 강박증, 편집증 정리벽에 시달리는 사람이 있으면 제가 머물고 있는 절로 찾아오십시오. 거기엔 정리할 것들이 아주 많습니다.

여기서 중요한 것은 낙인찍지 말라는 것입니다. 강박증에 시달리면 강박증을 그냥 사랑하십시오. 그러면 상당 부분 나쁜 것들이 사라지는 걸 보게 될 것입니다. 이것은 심리학에 기초합니다. 장애가 있으면 그냥 사랑하세요. 바꾸어야 하는 게 아닙니다. 여기에 있는 그대로 충분히 좋습니다. 여러분 스스로에게 이렇게 물어보십시오. '나는 어디에 있는 걸까?' '나는 무엇을 하려고 하는 걸까?' '나는 무엇을 하고 있는 걸까?'

○ 열한 번째 인생 사진

인도에는
relax 신호가
있다

릴렉스
릴렉스~

"이 한 잔의 물은 얼마나 무거울까요?"

저는 팔을 펴고 한 잔의 물을 들고서 여러분에게 묻습니다.

이 물잔을 오래 들고 있으면 있을수록 더 무겁게 느껴질 것입니다. 제가 컵을 일 분 동안 가만히 들고 있는다면, 팔이 무겁게 느껴질 것입니다. 삼 분이 지난다면 저는 아마도 통증 속에 있을 것이고, 만일 이십 분 동안 들고 있는다면 팔이 고통스러울 것입니다. 그런데도 계속해서 물잔을 들고 있다면 저는 어리석은 수행자입니다.

이렇게 우리가 물 한 잔도 편안하게 들고 있기 어려울 정도로 무겁게 느껴진다면, 그럴 때 여러분은 어떻게 해야 하겠습니까? 대답은 너무나 간단합니다.

"물잔을 바로 이렇게 내려놓으면 됩니다."

물론 그래야 합니다. 그런데 여기서 우리는 물잔의 무게가 아니라, 너무 오랫동안 들고 있었다는 사실이 문제였음을 깨달아야 합니다. 이렇게 팔을 쉬게 하면 되는 것입니다. 단지 몇 분 동안만이라도 물잔을 내려놓으면 되는데, 그것을 우리가 모르고 있는 것입니다. 잠시 쉬었다가 다시 컵을 잡으면 들고 있을 수 있습니다. 여러분이 제 말을 믿지 못하겠으면 오늘 저녁 집에 돌아가서 삼십 초 동안만 저처럼 해보십시오.

제가 삼십 초 후에 물잔을 다시 들게 된다면, 아마도 무척 가볍게 느껴질 것입니다. 이제 저는 통증 없이 오 분 동안 더 들고 있을 수 있습니다. 내려놓으면 지극히 편안하고, 매우 가볍고, 아울러 진정한 자유까지 느낄 수 있습니다. 이제 저는 물잔을 내려놓았습니다. 하지만 여러분, 이렇게 물잔을 내려놓는 것이 더 많은 노력이 필요하다는 사실을 저는 알고 있습니다. 왜냐하면 우리는 물잔을 들고 있는 데에만 익숙하기 때문입니다. 물론 자기 자신이 무엇을 하고 있는지 알기 위해선 많은 노력이 필요하고, 그것은 자연스럽게 오는 것들이 아니긴 합니다.

스트레스도 마찬가지입니다. 잠깐 동안 무거운 컵을 내려놓는 것처럼, 잠시 동안만 걱정들을 내려놓는 것입니다. 쉬게 된다면, 여러분은 그것들을 다시 들 수 있습니다. 훨씬 가볍게 느껴질 것이고, 스트레스도 많이 줄어들 것입니다. 스트레스의 문제는 여러분의 의무와는 아무런 상관이 없습니다. 의무들을 잠시 내려놓고, 여러분은 쉬기만 하면 되는 것입니다. 단 몇 분 만이라도 걱정들을 내려놓으면 됩니다.

내려놓기, 느긋하게 하기, 멈추기. 이 세 가지는 우리가 살면서 행복에 이르기 위해서 매우 중요한 방법입니다. 아무것도 하지 않는 방법을 몰라서 생긴 스트레스는 우리의 삶을 파

괴하는 위험한 무기와 같습니다. 여러분의 육체적, 정신적 질병들은 대부분 이 스트레스 때문에 일어납니다. 여러분도 가끔 아무것도 할 일이 없을 때가 있지 않습니까? 그럴 때 여러분은 아무것도 하지 않을 수가 없어서 안절부절하지는 않습니까? 대체 왜 그런 것일까요? 여러분은 그 방법을 잊어버렸기 때문입니다. 그래서 의미 없게 빈둥거립니다. 만일 그것을 아는 사람이라면 아무것도 할 게 없을 때 아무것도 하지 않습니다. 우리는 아무것도 하지 않는 방법을 배워야 합니다. 그러면 푹 쉬고 휴식할 수 있습니다.

저는 이 년 전 세계컴퓨터학회에 참석해서 이 방법을 강의했었습니다. 당시 호주의 한 신문사 기자가 그것을 기고했고, 그 기사는 호주 증권거래소 웹사이트에 지금까지도 올라 있습니다. 그것은 자살을 방지하는 분명한 효과가 있었습니다. 증권거래업자들과 중개인들이 스트레스를 받더라도, 그로 인해 고층 건물의 옥상에서 뛰어내리지 않도록 마음을 다스려 주었다는 것입니다.

현대 사회에서 스트레스는 여러분이 얼마나 많은 일을 해야 하는가와는 아무런 상관이 없습니다. 저는 한국에 오기 전까지 말레이시아에서 하루 열여덟에서 스무 시간씩 일했습니다. 혹시 여러분은 오늘 휴가이지는 않습니까? 오늘은 5월 1

일입니다. 저는 여러분이 휴가일 때마다 더 많은 일을 해야 합니다. 왜냐하면 여러분들이 다양한 문제들을 안고서 저를 찾아오기 때문입니다. 혹시 제가 스트레스로 피곤해 보입니까? 저는 스트레스를 받지 않습니다. 대신에 다양한 문제들을 갖고 찾아온 사람들과 만나며 배웁니다. 그들과 멋진 시간을 함께 보내고 있는 것입니다.

저는 어떻게 그럴 수 있겠습니까? 저는 피로할 때마다, 얼굴에서 웃음이 사라질 때마다 일을 내려놓습니다. 이삼 분만 휴식을 가져보십시오. 이렇게 쉬는 능력, 내려놓는 것도 능력입니다.

여러분은 오 분, 십 분, 십오 분 이렇게 시작해야 합니다. 이러한 십오 분, 이십 분을 시간의 낭비로 생각해선 안 됩니다. 이 시간은 여러분이 더 능률적으로, 보다 많은 일들을 좀 더 짧은 시간에 함으로써 충분히 보상받을 수 있습니다. 여러분은 뇌를 얼마나 효율적으로 사용합니까? 세 시간 걸릴 일을 두 시간에 마치고 일의 질도 더 높습니까? 여러분도 사무실에서 스트레스를 조금 받으며 더 많은 일을 할 수 있습니다. 여러분도 좀 더 생산적이 되고, 승진도 할 수 있습니다.

최근에 이러한 사실에 대한 과학적 증거가 많이 발표되고 있습니다. 인터넷을 검색해보면 이와 관련된 내용들이 많이

올라와 있습니다. 구글에선 명상에 대한 수많은 연구를 진행하고 있다고 합니다. 또한 과학적 연구들은 명상이 면역력을 향상시킨다고 보고하고 있습니다. 명상을 하면 병에 걸릴 확률이 적어진다는 것입니다. 캘리포니아에 있는 절에서 생활하고 있는 제 친구는 건강 보험 양식에 '수행승'이라고 적었더니 보험료를 할인해주었다고 합니다. 매주 명상하는 사람이라고 표시해도 보험료를 할인해준다고 합니다. 그 이유는 명상을 하는 사람들은 병에 잘 걸리지 않기 때문입니다.

하버드대학교에서 만난 한 여학생이 있었습니다. 그녀는 하버드대학에서 칠 년 동안 명상가들만 따라다녔습니다. 그녀는 연구를 시작하면서 명상하는 사람들의 두뇌 CT 스캔을 모두 받아놓았습니다. 그리고 칠 년 후, 그녀는 자신의 연구를 발표했습니다. 한 사람이 아니라 여러 사람이, 측정 그룹 사람들의 뇌가 명상을 하지 않은 그룹에 비해 커졌다는 사실을 밝혀냈습니다. 만일 여러분도 명상을 시작한다면, 여러분들의 뇌에 더 큰 용량의 메가바이트, 기가바이트를 얻게 될 것입니다.

이런 사실은 과학적 연구들로 뒷받침되고 있으며, 앞에서 말한 사례 외에도 수많은 다른 연구 성과들이 쏟아져 나오고 있습니다. 이것을 잘 증명하듯이, 이 년 전 영국의 유명한 공립학교 웰링턴Wellington College에선 명상을 필수 과목으로 실시하고 있습니다. 그 공립학교의 모든 학생들은 일주일에 한 번씩 꼭 명상을 했습니다. 한 일간지를 통해서 교장 선생님과의 인터뷰 내용을 보았습니다.

"선생님께선 모든 학생들을 불자로 만들 생각이십니까? 혹시 교장 선생님께선 불교 전도사가 아닙니까?"

교장 선생님은 말했습니다.

"저는 불자가 아니라 기독교 신자입니다."

이어서 교장 선생님은 명상이 학습 성과를 높여주는 확실한 증거가 있다고 말했습니다.

"우리 학생들이 명상을 통해 학업 성적을 끌어올릴 수 있다는 매우 확실한 증거가 있습니다. 제가 지금 명상 수업을 실시하는 단 한 가지 이유는, 교장이란 제 직업이 학생들의 학업 성적과 관련이 많기 때문입니다. 불교를 전파하기 위해서가 아니라, 단지 학생들의 성적을 향상시키기 위해 명상을 필수 과목으로 가르치고 있는 것입니다."

명상은 종교적인 것이 아니라, 실제로 학업 능력과 업무 능력을 향상시키는 데 도움이 됩니다. 이는 '마음챙김 기반 인지치료Mindfulness-Based Cognitive Therapy(MBCT)'라는 프로그램으로도

그 효과가 입증되고 있으며, 많은 주목을 받고 있습니다. 명상에 대한 과학적인 접근이 더 필요한 때입니다.

　인도의 델리에서는 건널목 앞 신호등에 빨간불이 켜질 때마다 어떤 글씨가 함께 나타난다고 들었습니다. 그 글자는 바로 r,e,l,a,x 즉, 'relax'라고 합니다. 그냥 '멈춤' 신호가 아니라 '릴렉스(쉬고 이완하라)' 신호입니다. 정말 좋은 아이디어 아닌가요? 때때로 쉬고 이완하면 좋습니다. 무거운 짐을 잠시 내려놓으십시오.

○ 열두 번째 인생 사진

수행자와 수긍자의 결정적 차이

퍼스 시에 있는 교도소를 방문했을 때의 일입니다. 저는 조그만 강당 안에 발 디딜 틈도 없이 빼곡히 앉아 있는 죄수들을 보고 크게 놀랐습니다. 그 교도소의 수감자 백삼십 명 중 백오 명이 저의 명상 강의를 들으러 온 것이었습니다. 어쩌다가 나쁜 행동을 한 사람들이지만 저에게 뭔가 들으러 왔다는 사실만으로도 감동적이었습니다.

하지만 강의를 시작한 지 오 분이 채 지나기도 전에, 저는 그들이 왜 명상 강의를 들으러 왔는지 알 수 있었습니다. 제가 말을 하는 도중, 몸집이 제법 큰 한 남자가 손을 번쩍 들고 질문을 했습니다. 그는 명상을 잘하면 공중부양을 해서 감옥 담장도 넘어갈 수 있다고 들었는데 그것이 사실이냐고 했습니다. 그때 비로소 저는 왜 그렇게 많은 죄수들이 강당에 앉아 있었는지를 알 수 있었습니다. 수감자들은 공중부양술을 배워서 교도소 담을 넘을 생각을 하고 있는 것이었습니다. 그래서 저는 공중부양은 명상을 오랫동안 수행한, 특별한 사람들만이 할 수 있다고 말해주었습니다.

그리고 한 달 뒤, 다시 방문했을 때는 강당 안에는 세 명만이 덩그러니 앉아 있었습니다. 그날도 제 강의가 끝나자 한 남자가 물었습니다.

"스님, 절에선 하루 종일 무엇을 하고 지내십니까?"

"우선 새벽 네 시에 일어납니다. 그리고…"

그가 제 말을 끊더니 이렇게 물었습니다.

"새벽 네 시요? 여기에 있는 누구도 그렇게 일찍 일어나진 않는데요. 아니, 그러면 새벽 네 시에 일어나서 뭘 하시죠? 텔레비전이라도 보나요?"

저는 사실대로 말했습니다.

"절에는 텔레비전이 없습니다. 주로 명상을 합니다."

그가 계속해서 물었습니다.

"아침밥은 무엇을 잡수십니까?"

웃음을 터뜨리며 저는 대답했습니다.

"시리얼 한 컵 먹습니다."

그가 깜짝 놀란 눈으로 말했습니다.

"여기 감옥에서 우리는 베이컨, 달걀, 시리얼, 국수도 먹을 수 있습니다. 그렇다면 스님, 오전에는 무슨 일을 하십니까?"

저는 부드럽게 말했습니다.

"지붕 고치는 거 보셨나요? 저도 절의 지붕에 올라가서 그런 일을 합니다."

그가 말했다.

"감옥에선 절대로 힘든 일은 안 시켜요. 그러면 스님께선 점심밥은 무엇을 드십니까?"

　절에 와서 공양해본 사람들은 알겠지만, 절에선 음식을 다 섞어서 먹는다고 제가 말했습니다.
　"스파게티 속에 딸기 아이스크림을 넣어 섞어 먹기도 합니다. 스파게티 위에 딸기 아이스크림을 따로 올려놓고 먹어본 적은 없습니다."
　그는 음식을 섞으면 맛이 없어진다고 말했습니다.
　"감옥에선 독방에 앉은 죄수라고 해도 아이스크림 한 스푼, 카레와 밥 모두 분리해서 먹습니다."
　그는 수행승에 대해서 궁금한 게 많았습니다.

"점심 식사가 끝나면 탁구 같은 운동도 할 수 있습니까?"

저는 할 수 없다고 말해주었습니다.

"수행승들은 정말 느립니다. 항상 알아차려야 하기 때문에 공을 칠 수 없습니다. 우리가 농구를 하면 모든 사람이 공중 부양을 해서 공을 다 넣을 수 있습니다. 그래서 올림픽 선수들에게 경기를 잘하라는 뜻에서 명상 수행법을 가르치기도 한답니다. 절에선 스포츠 활동을 하지 않습니다. 오후 내내 명상만 합니다."

다시 그가 물었습니다.

"그렇게 명상만 오래 하면 지루하지는 않습니까?"

저는 솔직하게 대답했습니다.

"때로는 지루하기도 합니다."

그가 저녁 식단을 물었습니다.

"저녁밥은 몇 시에 무엇을 드십니까?"

저는 먹어본 적이 없다고 했습니다.

"저녁밥은 먹지 않습니다. 오늘은 아침 일곱 시 십 분쯤 아침밥을 먹은 후 아직 아무것도 먹지 않았습니다. 제가 속한 불교 전통에서는 저녁에 음식을 먹지 않는답니다."

그가 또 질문했습니다.

"침대에 눕는 시간은 몇 시입니까?"

저는 침대는 아예 없다고 했습니다.

"침대요? 스님들은 침대 같은 게 없습니다. 그냥 바닥에서 잡니다."

이렇게 질문과 대답이 끝나자, 자신이 죄수라서 조악한 삶을 살고 있다고 생각하고 있던 그는, 수행승들이 감옥 안에서의 자신들보다 더 힘들게 지낸다는 사실에 깜짝 놀란 눈치였습니다. 그는 저한테 차라리 감옥에서 지내는 게 편안하지 않겠냐고 우스갯소리를 했습니다. 침대에서 자고, 음식도 분리해서 먹고, 운동도 할 수 있다고 말입니다. 그는 구체적인 방법도 알려주었습니다. 간수 한 사람만 주먹으로 쳐버리면 한 삼 개월 정도 혼자 지낼 수 있다고 했습니다.

저는 절에 있는 수행승들의 경우, 감옥에 있는 것을 견디지 못할 걸 알고 있습니다. 왜 그렇겠습니까? 교도소에는 어떻게 해서든 그곳을 빠져나가려는 사람들만 많습니다. 반대로 절의 수행자들은 머무르려고 합니다. 그렇다면 과연 이 두 곳의 차이점은 무엇이겠습니까? 감옥이냐 자유냐의 차이는 그 안에서의 삶이 얼마나 편안한가와는 아무런 상관 없습니다. 그것을 결정하는 것은 오직 마음뿐입니다. '여기'에 있고 싶은 마음입니다. 그곳이 어디든 머물고 싶지 않다면 감옥입니다. 반면 감옥이라도 계속 머물고 싶다면 그곳에서의 삶은 자유로울 수 있습니다.

몇 년 전 저는 일본을 방문한 적이 있습니다. 그때 일본 측에선 저한테 별 다섯 개짜리 호텔에 숙소를 마련해주었습니다. 저는 피곤해서 혼자 명상을 하고 싶었는데 호텔은 시끄러웠습니다. 저를 초대한 사람은 배려하는 마음으로 좋은 호텔을 예약했겠지만, 저에겐 감옥에 갇혀 있는 것과 똑같았습니다. 그때 저는 그 호텔 방에 있고 싶지 않았으니까, 아무리 별 다섯 개짜리 호텔이라도 감옥과 다를 게 없었습니다. 하지만 그때 저는 호텔에 있고 싶어 하지 않는 어리석은 마음 상태를 깨닫고 다시 명상에 집중할 수 있었습니다. 사실 우리가 어디에 있든지 자신이 그곳에 있고 싶지 않다면 모두 감옥인 셈입니다. 어디에 있든 자기 자신이 늘 자유로워야 합니다.

결혼도 마찬가지입니다. 만일 여러분이 결혼 상태에 머물고 싶지 않다면, 그 결혼은 감옥입니다. 회사도 마찬가지입니다. 여러분이 하기 싫은 일을 억지로 하고, 회사에 가고 싶지 않다면 그 사무실도 감옥이 됩니다. 지금 여러분이 이곳에 앉아 있는데, 여기 있기 싫다면 그것 또한 감옥입니다.

그렇다면 우리가 살아가면서 만드는 수많은 감옥들로부터 어떻게 탈출할 수 있겠습니까? 여러분은 남편을 바꿀 필요도 없고, 직업을 바꿀 필요도 없고, 이 자리를 떠날 필요도 없습

니다. 여러분의 마음, 그 태도만 바꾸면 되는 것입니다. 다른 곳에 있기를 원하는 마음, 그것이 감옥입니다. 그러니 '여기 있기'를 바라면 됩니다. 마음이 들뜨고 안정되지 못하는 것을 극복하는 방법은 바로 '여기 있고 싶어 하는 것'입니다. 무엇을 경험하든 상관이 없습니다. 여기 있고 싶어 하는 한 여러분은 자유롭습니다.

○ 열세 번째 인생 사진

죄를 뉘우치게 하는 특이한 방법

초등학교 아이들과 마약 밀수범 두 명을 하루 종일 같이 지내게 한 어느 교도관의 이야기는 우리에게 큰 가르침을 줍니다. 마약 범죄로 수감된 두 남성은, 자신들이 저지른 일로 인해 마음의 죄책감을 안고 있었습니다. 교도관은 이들을 치료하기 위해 의사나 심리학자 같은 전문가들에게 의뢰할 수도 있었습니다. 하지만 그는 이들을 근처에 있는 초등학교에 보내서 아이들에게 마약을 다루면 어떻게 되는지, 얼마나 해로운지를 직접 가르치게 했습니다. 사실 마약의 해악성에 대해 마약 중독자보다 더 잘 아는 사람이 없을 테니까 말입니다. 그래서 이 마약 사범들은 아이들에게 실제로 마약을 하게 되면 어떻게 되는지에 대해 자신들의 고통스러웠던 지난 경험들을 이야기해주었습니다. 그러던 어느 날 그들 중 한 남성이 초등학교 교실에 붙어 있는 알림판을 감옥으로 가져가고 싶다고 말했습니다. 조금 큰 알림판이었습니다. 그러자 아이들은 여기에 자신들의 메시지를 적어 주었습니다.

'저희 교실에 와서 마약의 위험성에 대해 이야기해주셔서 감사드립니다' '저희는 결코 마약을 하지 않을 겁니다' '감옥에서 나오면 저희 학교에 놀러 오세요' '다시는 마약 놀이를 하지 않겠습니다' 등등의 글들을 남겨주었습니다.

감옥으로 돌아간 두 남성은 아이들이 써준 감사의 글을 보며 눈물을 흘렸습니다. 울고, 울고, 계속 울었습니다. 그들이 왜 울었겠습니까? 그 이유는, 자신들이 누군가에게 도움을 준 경험 때문이었습니다. 흉악한 마약 범죄를 저질렀지만, 그 경험을 지혜로 바꾸는 순간이었습니다. 추측하건데, 이들의 이야기를 들은 이삼백 명의 아이들은 마약의 유혹을 뿌리쳤을 것입니다. 이런 방식으로 그들은 자신들의 죄를 극복할 수 있었다고 합니다. 단연코 처벌을 통해서가 아니었습니다. 그토록 큰 잘못을 저질렀으면서도, 깨닫게 된 것을 사용함으로써 그 죄를 극복하게 된 것이었습니다. 다른 사람들을 위험하고도 고통스런 그 길로 빠지지 않게 도와줌으로써 말입니다.

그것이 바로 우리가 실수를 이용할 수 있는 방식입니다. 죄를 따져 묻고 처벌을 하는 것은 다른 사람에게 더 큰 상처를 줄 뿐입니다. 우리는 모두 살면서 잘못을 합니다. 그것을 통해서 배우고 성장하십시오. 그러면 여러분 모두 사회에 공헌할 수 있고, 다른 사람에게도 도움을 줄 수 있습니다.

그로부터 몇 년 후, 공항에 서 있는데 어떤 사람이 제 어깨를 쳤습니다. 그는 "스님, 저 기억하십니까. 저는 그때 수감자입니다"라고 말했습니다. 반갑게 다시 그를 보니, 아주 말끔한 비즈니스 정장을 차려 입고 환하게 웃고 있었습니다. 그는 건강하고 활동적인 사람이 되어 있었습니다. 모든 사람에게

는 불성이 있지 않습니까. 그저 사람들 안에서 그것을 볼 수 있으면 됩니다. 그러면 나쁜 사람이 좋은 사람이 될 수 있습니다. 그런데 나쁜 사람에게 벌을 주면 그는 더 나쁜 사람이 됩니다.

몇 해 전 캘리포니아에 갔을 때, 그곳에 로스앤젤레스의 조직폭력배 우두머리 한 명이 있었습니다. 그는 살인, 강간 같은 말로는 다 할 수 없을 정도로 폭력적인 행동들을 저지른 사람이었습니다. 그래서 결국 캘리포니아에서 약물 주사로 사형선고를 받게 되었습니다. 그런데 그는 사형 집행을 기다리면서 조직폭력배의 생활이 실제로 어떠했는지를 담은 책을 집필했습니다. 그것이 얼마나 사람들을 해치는지를 적은 것입니다. 그 책을 읽은 사람들이 대충 천 명이라면 그는 매우 강력한 방식으로 천 명의 생명을 구한 것입니다. 왜냐하면 그는 조직폭력배의 우두머리였고 책의 내용은 그가 실제로 느끼고 경험한 것이었기 때문입니다.

결국 로스앤젤레스에선 그를 위한 구명 운동이 일어났습니다. 사람들은 그가 매우 소중한 사람이니까 사형시키지 말라고 외쳤습니다. 그를 감옥에 보내서 사회를 위해 공헌할 수 있도록 기회를 주라고 말입니다. 당시 캘리포니아 주지사는 아놀드 슈왈츠제네거였는데, 그는 조직폭력배에게 용서란 없다고 말했습니다. 로스앤젤레스의 많은 사람들이 폭력적인 범죄 인생에 들어서지 않게끔 도와줄 수 있고, 아울러 사회에도 크게 공헌할 수 있는 사람이었는데 말입니다. 그것은 지혜롭지 못한 행동입니다. 종교적인 방법도 아닙니다. 그와 같은 잘못을 저지르면 배우고 성장하십시오. 조직폭력배의 우두머리를 용서함으로써 다른 이들이 똑같은 잘못을 저지르지 않게끔 도울 수 있습니다. 그것이 지혜이고, 지혜를 일깨우는 길입니다.

여러분도 죄책감으로 인해 혹은 슬픔을 잊기 위해, 술을 마시거나 다른 무언가에 중독된 경험들이 있을 것입니다. 그들에게 어떤 조언을 해주실 수 있겠습니까? 술은 효과가 오래 가지 않습니다. 마약은 더욱 그렇습니다. 깨어나면 다시 죄책감이 들고 두 배가 넘는 고통 속으로 빠져듭니다. 술이나 마약은 일시적으로 어떤 순간만 벗어날 수 있을 뿐, 실제로 해결되는 문제가 하나도 없습니다. 사람들이 찾는 것은 탈출구이지만 술이나 마약은 결코 진정한 탈출구가 되진 않습니다. 결국은 제대로 진짜 문제들과 마주치게 됩니다. 그런데 많은 사람들이 이렇게 마주치는 것을 두려워합니다.

여러분이 죄책감을 느끼게 되면, 우리는 인간으로서 가진 가장 중요한 부분, 자존감을 잃게 됩니다. 자존감이 없으면

사람은 망가집니다. 술을 마시거나 과속을 하다가 누군가를 죽이게 되면, 그때는 더 자존감을 지키기가 어려워집니다. 자기 자신이 망가지게 됩니다. 자존감이 망가지는 건 죄책감 때문입니다. "넌 나쁜 놈이야!"라는 소리를 자주 들으면 스스로가 나쁜 사람이라고 여기게 됩니다. 그렇게 해서 술이나 마약에 중독되는 겁니다. "반에서 꼴찌라고? 네가 바로 보살이구나. 훌륭해." 이렇게 존중받으면, 술이나 마약으로 도망갈 이유가 없지 않겠습니까? 다른 그 어떤 자기 파괴적 행동도 할 필요가 없습니다.

제가 교도소를 방문할 때 가장 중요하게 여기는 부분은 살인자들에게 자존감을 느끼게 해주는 겁니다. 저로서도 어려운 일입니다. 그래서 저도 처음에는 '아니지! 아니지! 그들도 그럴 만한 가치가 있어' 그렇게 생각했습니다. 자존감을 느끼면 그들은 자신들이 얼마나 더 많은 죄를 저질렀는지 더 잘 깨닫습니다. 그러면 스스로를 용서할 수 있습니다. 죄책감에서 벗어날 수도 있습니다. 그러면 스스로에게뿐만 아니라 다른 사람에게도 해가 되는 자기 파괴적 행동들이 줄어듭니다. 그렇게 삶의 어두운 그늘에서 벗어나게 되는 것입니다. 빛 속으로, 존중받으며, 관계를 맺고, 가족의 품으로 말입니다. 따뜻함, 친절함, 행복으로 말입니다. 여러분은 당연하다고 받아들이는 것들, 그들은 만끽하지 못했던 그런 행복들로 말입니다. 얼마나 멋진 선물입니까! 삶의 어두운 구석에 있는 사람들에게 관심을 기울이십시오. 내면의 어두움, 정서적인 블랙홀에 자비의 빛을 베푸십시오.

거기에서 사람들을 끌어내어 삶과 행복을 함께 나누는 것입니다. 그들이 다른 사람들에게, 그리고 스스로에게 공헌할 수 있게끔 말입니다. 이렇게 말하면서 제 자신도 감동스럽습니다. 여러분도 이렇게 멋진 선물들을 서로가 서로에게 줄 수 있습니다.

○ 열네 번째 인생 사진

생의 마지막에
우리가 마주치게 되는
진실

우리가 어떻게 살아갈 것인가를 배우는 것처럼, 잘 죽는 법도 배워야 합니다. 지금 이 순간에도 우리는 죽어가고 있습니다. 우리 몸의 세포는 다른 세포에 자리를 내주기 위해 매순간 죽어가고 있습니다. 여러분의 건강도 영원한 것이 아니기 때문에 언젠가 늙고 병들고 죽음을 맞게 될 겁니다. 그것은 너무나 분명한 사실입니다. 이런 현실은 살아 있는 존재라면 누구도 어찌할 수 없습니다. 현재 우리의 삶과 몸, 그리고 이 세상의 다른 모든 사물들은 똑같이 이러한 사실과 마주하고 있습니다.

그렇다면 여러분은 몸이 병들고 쇠약해진다는 사실을 알고도 여러분의 건강을 용기 있게 내려놓을 수 있습니까? 혹시 여러분은 늙고, 병들고, 죽음까지도 맞이할 준비가 되어 있는지 자신에게 물어본 적이 있습니까? 이러한 질문을 받으면 대부분의 사람들이 "아니오"라고 대답합니다. 이것이 우리의 현재 모습입니다.

이런 연유로, 우리는 잘 사는 법을 배우는 것처럼, 잘 죽는 법도 배워야 합니다. 우리가 살고 있는 이 세상과, 가족과, 여러분이 가지고 있는 모든 것들, 물질적인 행복에 대한 욕망에 대해서도 무관심해지는 법을 조금씩 배워야 합니다. 막상 몸이 아프고 병들어야만, 그러한 문제들이 실제로 닥쳐올 때 해결하겠다고 생각하기 때문에 그것을 받아들이지 못하는 사람들도 많이 있습니다.

우리에게 삶의 가르침을 주는 또 다른 것은 가족이 겪는 고통과 죽음입니다. 제가 어머니를 마지막으로 만났을 때 어머니는 알츠하이머병을 앓고 있었습니다. 어머니는 저와 이미 저만큼 멀리 떨어진 것이었습니다. 아버지는 마흔일곱 살에 돌아가셨습니다. 어머니가 잠자고 있는 저를 깨우시더니 아버지가 돌아가셨다고 말했습니다. 저도 아버지를 흔들어 깨웠지만 이미 죽어 있었습니다. 그때 저는 십대였는데 죽음이라는 것이 그런 것임을 이미 알고 있었기 때문에 별다른 마음의 동요 없이 아버지를 내려놓을 수 있었습니다.

이렇게 늙음과 병과 죽음에 대한 성찰은 여러분에게 다른 것을 볼 수 있게 해줍니다. 그렇기 때문에 여러분이 그런 성찰을 더 깊이, 더 자주 해야 하는 것입니다.

저는 걸으면서 '나는 죽을 거야. 언젠가 나는 죽을 거야. 그건 확실하다'고 속으로 생각합니다. 우리는 감각적인 세계에 집착하지 않고 갈애를 느끼지 말고 자연스럽게 놓는 법을 배워야 합니다.

저는 종종 암을 두고 '폭탄을 찬다'고 비유해서 말합니다.

이 이야기는 제가 암에 걸린 사람들에게, 그리고 암에 걸리지 않은 분들에게 자주 하는 것입니다. 이것은 죽음에 대한 이야기가 아닙니다.

만일 여러분이 어느 날 몸이 아파서 병원에 갔는데 의사로부터 암을 선고받게 된다면 어떻게 하겠습니까? 심장병이나 당뇨 같은 병들은 우리의 삶을 위협하기는 하지만 환자 스스로 감당할 수 있는 정도입니다. 그러나 암은 경우가 다릅니다. 가족 전체가 감당해야 하는 병이기 때문입니다.

저는 많은 암 환자들을 알고 있는데, 그들은 대부분 암에 맞서 도전하면서 아름다운 시간을 보낸 사람들입니다.

그들은 저한테 와서 이렇게 말했습니다.

"스님, 암은 살면서 겪은 최고의 고통이었습니다."

실제로 암은 그들의 일상을 통째로 빼앗아갔고 고통스럽고 두렵게 만들었다고 했습니다. 하지만 그들은 웃으며 다시 말했습니다.

"그렇지만 암에 걸리지 않았다면, 도저히 깨닫지 못했을 매우 중요한 것들을 경험하고 배웠습니다."

여러분, 그들은 '폭탄을 차고서', 암으로부터 무엇을 배웠을까요? 인생에서 승진은 가장 중요한 것이 아니라는 것과, 아이들을 명문 대학에 보내는 일이 우리 삶에서 하나도 중요한 게 아니었다는 사실을 깨달았다고 했습니다. 그것들보다 아내와 혹은 남편과 좋은 관계를 맺고 행복하게 살아가는 것, 가족과 이웃에게 친절하고 사랑을 나누어주는 일, 우정, 고요함, 평화, 그리고 현재 상태 그대로 자신의 삶을 온전히 받아들이고 즐기는 것이 중요했다고 했습니다.

그들은 한결같이 암은 '폭탄'이었던 게 아니라 좋은 수업이었다고 말했습니다. 그래서 때때로 암도 필요하다고! 인생의 의미를 깨달을 수 있는 훌륭한 기회였다고 했습니다.

이렇게 암은 우리에게 '어떻게 살아갈 것인가?'에 대한 가르침을 줍니다. 여러분 이것이 암이 가져다준 소중한 배움입니다. 우리는 '진정한 삶'이 어떤 것인지 잊고서 살아가고 있습니다. 가족, 이웃, 조화로움, 고요함, 즐거움, 행복의 의미를 잊으면, 그 의미를 잊었기 때문에 '암'과 만나게 되는 것입니다. 한마디로 '폭탄'을 차게 되는 겁니다.

그렇지만 우리가 암에 걸릴 때까지 기다려선 안 되지 않겠습니까? 우리는 암에 걸렸다고 들었을 때를 한번 생각해보는 것만으로도 충분합니다. 앞으로 이삼 년만 산다면, 여러분에게 무엇이 가장 중요한 일이 될 것 같습니까? 우리가 세상을 바라보고 삶을 대하는 태도는 어떻게 바꿀 수 있겠습니까? 여러분이 진정으로 하고 싶은 일이 무엇인지, 주어진 그 짧은

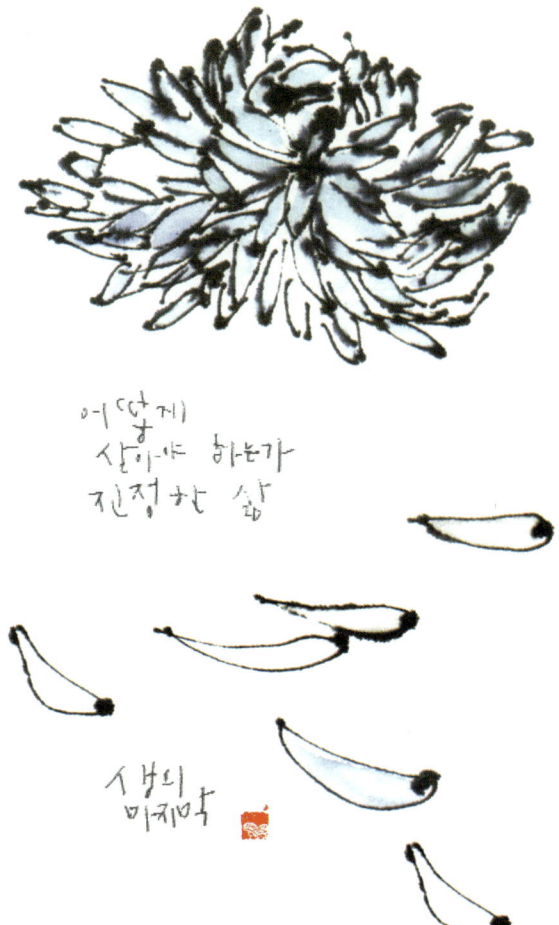

어떻게
살아야 하는가
진정한 삶

생의
마지막

시간을 어떻게 보낼 것인가에 대해서 생각해보아야 합니다.

지금 여러분의 몸속에 암이 있는데 그걸 미처 모르고 있다고 생각하십시오. 그리고 의사로부터 그런 소식을 들을 준비가 되어있는지도 스스로 물어보십시오. 지금 당장은 병이 걸리지 않았더라도 조만간 여러분은 병에 걸릴 수도 있습니다. 여러분은 그런 현실들을 깊이 생각하고 행동해야 합니다. 그러다 보면 삶의 한계를 깨달을 수 있습니다. 그리고 늙음과 병, 죽음에 대해 바르게 알 때, 어떻게 살아야 할지에 대한 대답도 분명해집니다.

아잔 차 스님께서는 종종 죽음에 대해서 이렇게 말씀하셨습니다.

"우리의 몸은 어떻게 소멸합니까? 얼음덩어리를 생각해보면 잘 알 수 있습니다. 처음에는 그저 물일 뿐입니다. 그런데 얼리면 얼음이 됩니다. 그렇지만 시간이 조금 지나면 얼음은 녹습니다. 아주 커다란 얼음덩어리라도 햇볕 아래 조금만 놓아두어도 얼음은 서서히 녹아내립니다. 그것을 바라보면 우리의 몸도 똑같다는 것을 깨달을 수 있습니다. 몇 시간, 혹은 몇 분만 그대로 놓아두면 물웅덩이만 고스란히 남습니다. 시간이 시작된 이래로 모든 것들은 다 같은 과정을 거쳤습니다. 우리는 이러한 변하지 않는 속성을 가지고 세상에 왔습니다.

그리고 이러한 운명은 그 누구도 피할 수가 없습니다. 태어나는 순간부터 늙음과 질병, 죽음을 지니고 태어납니다. 육체가 무너지는 것이 보이십니까? 우리의 몸을 한번 쳐다보십시오. 우리 몸은 매일 조금씩 늙어갑니다. 머리카락, 손톱, 그 밖의 모든 것들이 날마다 늙어가고 있습니다. 우리의 모든 몸은 얼음처럼 서서히 무너지다가 이내 사라지고 없어질 것입니다."

저는 벌써 예순 살이 넘어서 일흔 살을 앞두고 있습니다. 제가 이십대에 친구들과 놀러 다니고 어울려 축구하느라 공원을 돌아다니던 때가 바로 엊그제 같기만 합니다. 건강을 걱정하는 일 같은 것은 해보지도 않았습니다. 시간을 지내놓고 보니까, 우리의 삶은 참 빠르게 흘러간다는 말에 동감합니다. 그러니까 여러분 시간을 낭비하지 말고 삽시다.

나중에 똥을 싸야 한다는 사실을 잊고서 맛있는 음식만 실컷 먹는 식도락가처럼, 죽음이란 사실에 대해 두 눈을 감은 채 장님처럼 살아가지는 않는지 돌아봐야 합니다. 혹시 여러분의 모습은 아닙니까?

○ 열다섯 번째 인생 사진

주지 스님은
누구를 희생시켰을까?

여러분은 한 송이의 꽃을 바라볼 때 예전에 보았던 꽃과 비교하지는 않습니까? 우리가 꽃을 바라볼 때, 생각하거나 기억하지 않고 바로 눈앞에 있는 것만 순수한 아기의 눈으로 볼 수 있다면, 우리는 꽃의 순수한 영역 그 자체를 볼 수 있습니다.

지금은 태국에서 이름난 수행자가 된 어떤 스님의 어린 시절 이야기입니다. 여덟 살이 되어서 학교에 들어간 그는 일 학년을 마치고 나서 이 학년으로 진급할 수 없었습니다. 담임 선생님은 다시 일 학년을 배워야 한다고 했습니다. 이유인즉, 공부를 못했기 때문이었습니다. 그래서 일 학년을 다시 배웠는데도, 또다시 이 학년에 올라가지 못하고 일 학년 과정을 다시 배우라는 명령을 받았습니다. 그리고 일 년 후 또다시 학교에선 이 학년에 진급할 수 없다고 했습니다. 세 번씩이나 일 학년 과정을 반복해서 배웠는데도 낙제를 계속 하니까 교장 선생님은 그를 학교에서 퇴학시키겠다고 통보했습니다. 머리가 너무 나빠서 도저히 학교 수업을 받을 수 없다는 것이었습니다.

그래서 그의 부모님은 주지 스님을 찾아가서 자신의 아들으 제자로 삼아 달라고 부탁했습니다. 수행자들은 자비롭고, 친절하고, 인내심이 많으니까 할 수 있을 거라고 생각습니다. 주지 스님은 그를 많은 시간과 정성을 쏟아서 가르쳤습니다.

하지만 그는 가장 기본인 삼귀의를 계속 반복해도 외우지를 못했습니다. 그렇게 이삼 년이 흐르자 주지 스님마저 그를 포기했습니다. 그래서 더 이상 가르칠 수 없다고 생각한 주지 스님은 그를 명상 수행을 주로 하는 산중으로 보냈습니다.

그런데 그의 마음이 얼마나 단순하고 평화로웠던지, 명상을 시작하자마자 아주 깊은 깨달음의 단계까지 빠른 속도로 들어갈 수 있었습니다. 그리고 아주 커다란 깨달음을 얻은 그는 태국의 이름난 스님이 되었습니다. 혹시 여러분 주위에도 그런 아이가 있으면 학교에 보내지 마시고, 저한테 보내십시오. 그러면 아주 위대한 불교 수행자가 될 수 있습니다.

우리는 누구든지 한 가지를 못하면, 무언가 잘하는 한 가지가 반드시 있습니다. 우리가 할 일은 사람들에게 용기를 북돋아주는 일이지, 그들을 계속 비난하는 일이 아닙니다. 앞에서도 말했듯이, 꽃을 그 자체로 볼 수 있는 태도, 그렇게 바라본다면 어느 누구도 쓸모없는 사람은 없습니다. 누구든 자신이 무언가를 할 수 있는 장소가 따로 있기 마련이기 때문입니다. 이것이 바로 친절, 자비입니다.

이번에는 상좌부 전통에 있는 이야기를 해보겠습니다. 옛날에 일곱 명의 불교 수행자가 동굴 안에서 명상을 하고 있었습니다. 첫 번째 스님은 주지 스님이었고, 두 번째 스님은 주지 스님의 동생이었습니다. 그리고 세 번째 스님은 주지 스님의 가장 친한 친구였고, 네 번째 스님은 주지 스님과 사이가 좋은 않은 스님이었습니다. 다섯 번째 스님은 나이가 많아서 당장 내일이라도 죽음을 맞을 분이었고, 여섯 번째 스님은 병이 깊은 분이었습니다. 나이 많은 스님과 병이 위독한 스님 중 누가 먼저 죽을지 모를 만큼 두 스님 모두 몸이 아팠습니다. 마지막 일곱 번째 스님은 그 승가에서 '쓸모없는 스님'으로 불리는 분이었습니다. 명상만 하면 잠을 자고 코를 골아서 염불도 하지 못하고, 여러 가지로 안정을 하지 못하는 그런 분이었습니다.

어느 날 산적들은 이 스님들의 동굴을 근거지로 삼으려고 마음먹었습니다. 훔쳐온 물건들을 가지고 사람들이 조용해질 때까지 쉬었다가기에 좋은 장소라고 생각한 것이었습니다. 산적들은 스님들을 모두 죽여야겠다고 생각했습니다. 그래야 마을에 가서 신고하지 않을 테니까요.

이 사실을 알게 된 주지 스님은 산적들과 만났습니다. 그리고 일곱 명의 스님 가운데서 한 명만 죽이고 모두 살려주겠다는 내용에 합의까지 했습니다. 그렇다면 여섯 명의 스님이 살아서 산에서 내려갈 수 있도록 희생한 한 분의 스님은 누구겠습니까?

일곱 분의 스님은 이미 앞에서 설명을 해드렸지요. 다시 말하면, 첫 번째는 주지 스님, 두 번째는 주지 스님의 동생, 세 번째는 주지 스님의 친한 친구, 네 번째는 주지 스님과 사이가 가장 좋지 않은 스님, 다섯 번째는 나이가 많은 스님, 여섯 번째는 몸이 아픈 스님, 일곱 번째는 쓸모없는 스님입니다. 그렇다면 과연 희생된 한 명의 스님은 누구였겠습니까?

결론은 아무도 희생되지 않았다는 것입니다. 주지 스님이 모든 스님들을 다 똑같이 생각하고 모두 살아야 한다고 생각했기 때문입니다. 동생, 가장 좋은 친구는 물론이고, 사이가 가장 좋지 않은 스님, 나이 든 스님, 몹시 아픈 스님, 쓸모없는 스님 모두 다 똑같고, 자기 자신 또한 이 여섯 분의 스님과 마찬가지라고 생각했습니다.

주지 스님은 산적 두목에게 이렇게 말했습니다.

"저는 저를 포함한 이 일곱 사람을 똑같이 사랑합니다. 그렇기 때문에 아무도 선택할 수 없습니다."

산적 우두머리는 주지 스님의 이야기에 깊은 감동을 받아서, 일곱 명의 스님들을 모두 살려주었다는 일화입니다. 이렇게 모든 사람들이 자비 안에서 똑같습니다.

제가 서양에서 이 이야기를 해주면 제일 많이 나오는 대답은 "주지 스님이 스스로를 희생했어요"라는 말입니다. 이것

은 자비심이 무엇인지 이해하지 못하기 때문에 나오는 대답입니다. 다른 사람한테 친절하고 자비로우려면, 반드시 자신한테도 자비로워야 합니다. 남보다 더하지도 않고, 남보다 덜하지도 않고, 똑같아야 합니다.

우리는 친구들한테만 친절하지 말고, 쓸모없다고 생각되는 남편 혹은 아내, 아이들에게도 친절과 자비를 베풀어야 합니다. 인생에 있어서 무언가 문제가 생기고 일이 잘 풀리지 않으면 화가 나고 고통받게 됩니다. 그 근본 원인은 정말로 자비심이 무엇인지 그 의미를 이해하지 못하기 때문입니다.

아잔 차 스님께서 종종 웃으면서 이런 말을 자주 하셨습니다.
"좋은 뜻으로 하면, 좋은 결과가 있습니다."

○ 열여섯 번째 인생 사진

돌고래와 남편을 훈련시키는 미끼

〈어떻게 남편을 훈련시키는가?〉라는 심리학 논문이 있습니다. 이 논문에는 돌고래에게 연기를 훈련시키는 방법이 소개돼 있는데, 요약하면 돌고래가 뛰어올라 공을 잡으면 물고기를 상으로 주고 못 잡으면 물고기를 안 주는 것입니다. 돌고래를 훈련시키기 위해 긍정적인 것을 강화시킨 것이었습니다. 〈어떻게 남편을 훈련시키는가?〉는 호주에서 심리학을 공부한 한 여성이 이 훈련 방법을 남편에게 적용시킨 것입니다. 이 여성의 남편은 매일 아침마다 말썽을 피웠습니다. 아침마다 인터넷 강의를 듣느라 바쁜데, 하루도 빠짐없이 와이셔츠며 양말을 찾아내라며 여자를 귀찮게 했습니다. 그래서 그녀는 돌고래를 훈련시키는 방법을 써보았습니다. 그녀는 남편이 "와이셔츠 어딨어!"라고 물으면 못 들은 척했습니다. 그렇지만 남편이 도움 없이 와이셔츠를 찾아 입으면 다가가서 꼭 안아주면서 입맞춤까지 해주었다고 합니다. 그러자 남편은 단 이삼 주 만에 아내에게 묻지 않고 모든 것을 스스로 알아서 해결하게 되었습니다. 이것이 남편을 훈련시키는 방법입니다. 잔소리나 바가지를 긁지 않고 훈련시키는 방법입니다. 비폭력적으로 말입니다. 친절과 사랑으로 말입니다. 그러니까 여러분도 가정에서 문제가 일어나면 그 원인을 찾아서 발견하십시오.

우리는 살아가면서 자녀들이 하는 행동이 이해가 되지 않을 때도 있습니다. 이럴 때 아이들에게 벌을 주거나 잔소리를 한다면 어떻게 될까요? 다음의 이야기는 용서, 친절함, 비폭력이 무엇인지 조용히 말해줍니다.

어느 날, 한 남성이 여섯 시가 넘어서 회사에서 퇴근해 집으로 돌아왔습니다. 집에는 일곱 살짜리 아들이 놀고 있었습니다. 일찍 돌아온 아버지를 보고 아들은 물었습니다.
"아빠, 회사에서 시급은 얼마나 받으세요?"
아버지는 바쁜 일터에서 러시아워를 뚫고 돌아왔기 때문에 몹시 피곤했습니다.
"그건 네가 알아야 하는 게 아니잖니. 입 다물거라."
그러자 아들은 다시 말했습니다.
"아빠, 회사에서 시간당 얼마의 돈을 벌고 있으시냐고요?"
아들의 말에 아버지는 버럭 화가 났습니다.
"조용히 하라고 했잖니. 더 이상은 참을 수 없구나. 네 방에 가서 공부하거라."
꾸중을 들은 아들은 자기 방으로 올라가야만 했습니다.
샤워를 마친 아버지는 차 한 잔을 마시다가, 문득 아들에게 너무 야단쳤다는 생각이 들었습니다. 때때로 여러분도 몸이 피로하면 막 짜증이 나지 않습니까. 그래서 아버지가 아들의 방으로 올라갔습니다.

"얘야, 조금 전에는 아빠가 정말 미안했구나. 그런데 너는 왜 아빠의 시급이 궁금했던 거니? 아빠는 회사에서 시급으로 이십 달러를 받는단다."

아버지의 이야기가 끝나자, 아들은 아버지에게 사과를 해주어서 고맙다며 다시 말했습니다.

"아빠, 저한테 십 달러만 빌려주실래요?"

아버지는 다시 화가 치밀어 올랐지만, 그래선 안 된다는 생각에 아들에게 십 달러를 주었습니다. 그러자 아들은 침대 밑에서 십 달러를 꺼내서 빌린 십 달러와 합치더니, 아버지한테 이십 달러를 내밀었습니다.

"아빠, 그럼 이제 저한테 한 시간만 내주세요."

여러분, 자녀들과 어디에서 문제가 있었는지 이제 이해가 되십니까? 가족과 함께 시간을 보내면 행복과 평화가 찾아옵니다. 가족은 아주 소중한 존재입니다. 그리고 우리의 내면을 기쁨으로 채워줍니다.

여러분, 우리는 어떻게 조용하고 고요한 마음을 가꿀 수 있을까요? 해답은 바로 친절함과 비폭력입니다. 여러분 자신에

게도 진정으로 이렇게 해보십시오. 자신에게 그동안의 모든 잘못을 용서해주십시오.

저는 친절한 행동이나 자비로운 말을 듣고 나서 세상을 바라보면, 그 순간마다 이 세상의 평화가 더 커지는 것을 느낍니다. 1월 현재, 호주는 여름입니다. 여기 서울은 상당히 춥습니다. 뉴욕도 꽤 추울 때이고요. 혹시 여러분은 이런 이야기를 들어본 적이 있을까요?

뉴욕의 어느 경찰관 이야기입니다. 추운 겨울날, 한 남자가 신발도 없이 자는 것을 발견했습니다. 그래서 신발 한 켤레를 사서 그 남자에게 선물했습니다. 그런데 그 모습을 어떤 사람이 핸드폰으로 찍어서 인터넷에 올렸습니다. 당시 이 한 장의 사진은 전 세계인의 마음을 따뜻하게 데워주었습니다.

한번은 어느 여성이 이메일로 저한테 메시지를 보내왔습니다. 그녀의 어머니가 아파서 곧 죽음을 맞게 될지도 모른다는 내용이었습니다. 비행기를 타고 뉴욕으로 건너가 어머니도 만나고 치료도 받게 해야 하는데, 돈이 없다고 했습니다. 그때 저는 한 남성과 이야기를 나누고 있었는데, 그녀의 딱한 사정을 들려주었습니다. 그러자 그가 백지 수표를 저한테 주면서 그녀에게 전해달라고 했습니다. 그는 당시 실직 상태였는데, 그녀의 어려운 형편을 돕기 위해서 그렇게 행동했던 것입니다. 어머니가 아픈데 바다 건너편에서 가보지도 못하는 마음이 어떠한지를 너무나 잘 알고 있었던 것입니다.

오늘 여러분께 당부합니다. 친절함, 자비심을 잊지 마십시오. 이 세상에서 친절함만큼 아름다운 것은 없습니다. 저도 일정이 너무 바빠서 한국을 방문할 수 없을 정도였지만, 자비심 때문에 이곳에 온 것입니다. 자비심이 제일 중요합니다. 여러분의 자녀들, 젊은이들에게 이 말을 자주 해주십시오.

가만히 보면 우리는 너무 흠잡는 것을 좋아합니다. 그래서 자신에게서 흠을 잡고, 남편에게서도 흠만 찾고, 정부를 볼 때도 흠만 보입니다. 저는 세계 곳곳에서 많은 신문을 보았지만, 한국의 정부는 아주 훌륭한 정부입니다. 물론 최고의 정부는 아니지만 좋은 정부입니다. 여러분의 아이들은 최고의 자녀는 아니지만 그만하면 충분히 훌륭한 아이들입니다.

'흠잡는 마음'은 여기저기에서 집요하게 잘못을 골라내는 강한 마음입니다. 아름다운 중심을 찾아서 그것에 집중하면 아름다움이 더 잘 보일 것입니다. 삶에서 더 용서하는 태도를 갖고, 부정적으로 집착하지 말고, 긍정적인 태도를 가지십시오. 그러면 여러분도 실수에서 아름다움을 볼 수 있습니다. 그럴 때 여러분의 눈에 보이는 것은 천 배나 더 아름답게 보일 것입니다.

참 잘했어요

○ 열일곱 번째 인생 사진

고통을 놓아버리는 화장실 세리머니

다 삼켜 버렸어

걷는 것을 좋아하는 저는, 대학 시절 방학의 대부분을 산악 지역을 여행하며 보냈습니다. 당시 저는 숙소가 있는 유스호스텔까지 걸어 다녔습니다. 걷는 것은 에너지가 많이 생깁니다. 왼발과 오른발을 차례로 조금도 놓치지 않고 걷다 보면 몸의 긴장이 풀렸습니다. 산꼭대기는 험난했지만 애쓰지 않고 천천히 걸으면 힘들 게 없었습니다. 천천히 걷는 것만으로도 평화를 느낄 수 있고, 가는 길이 너무나 아름다워서 다음 산까지 더 걸어가고 싶은 충동을 느낄 때가 한두 번이 아니었습니다. 사실 모든 여행은 그 한 걸음부터입니다.

한번은 친구들과 함께 산에 갔습니다. 저는 그날도 걷는 것이 좋아서 계속 산행하기를 원했고, 친구들은 지쳐서 먼저 숙소로 돌아갔습니다. 그래서 혼자서 다음 산의 정상을 향해 갔습니다. 그런데 산꼭대기에 다다르자 짙은 안개에 휩싸여서 어디가 어딘지 천지가 구분이 가지 않았습니다.

비로소 그때 산속을 혼자서 가선 안 된다는 걸 깨달았지만 이미 늦었었습니다. 안개가 너무나 짙어서 어디로 가야 할지 방향조차 알 수 없었습니다. 여러분은 안개 속에선 자신이 보는 방향이 맞다고 생각하며 그쪽으로 가면 안 됩니다. 저는 그 사실을 모른 채 방심하면서 절벽까지 걸어갔었습니다. 제가 한 발자국만 더 걸어갔더라도, 아마도 지금 이 자리에 없을 것입니다. 그때 막막하긴 했지만 저는 어떻게 안전하게 숙소로 돌아갈 수 있을까 궁리했습니다.

그때 물소리가 들렸습니다. 저는 계곡물 소리를 듣고선 그 계곡을 따라서 아래로 아래로 내려가면 될 것 같다고 생각했습니다. 겨우 계곡 쪽으로 몸을 옮겨서 저는 계곡을 따라 흐르는 물소리를 이정표 삼아 아래로 아래로 내려갔습니다. 물은 아래로 흐르니까 말입니다. 저는 산의 계곡물은 산을 빙빙 돌지 않고 아래로만 내려가는 걸 알고 있었습니다. 그렇게 계곡물을 따라서 내려가다 보니까 안개가 걷히고 주변도 서서히 보이기 시작했습니다. 그렇게 좀 걷다 보니까 구름이 제 머리 위에서 물러났고 저는 유스호스텔까지 안전하게 갈 수 있었습니다.

제 경험담을 들려주는 이유는, 우리가 어떻게 의심을 극복할 수 있는지 말하기 위해섭니다. 물은 언제나 평화롭게 내려갑니다. 조금 더 평화롭고, 조금 더 명랑하고, 조금 더 행복한 곳으로 갑니다. 여기서 여러분은 항상 잊지 마십시오. 지금 수행을 하고 있든 수행을 하고 있지 않든, 좀 더 평화로워지고, 좀 더 나아지고, 좀 더 행복해지고, 좀 더 자유로워졌다면 잘하고 있다는 겁니다.

우리는 좀 더 평화로워지고 좀 더 행복해지면 그것으로 충

분합니다. 우리가 긴장을 했는지, 아니면 긴장이 풀렸는지 그것을 알아차리기만 하면 됩니다. 지금 하고 있는 것이 무엇이든 간에 계속하십시오. 그렇게 하던 것을 계속하면서 매일 한 발짝 한 발짝씩 내려가면 됩니다. 그러다 보면, 자신이 있는 위험한 곳을 벗어나서 좀 더 안전하고 평화로운 곳으로 갈 수 있습니다. 그래서 항상 두 가지, 세 가지, 네 가지 길을 가든, 아니면 하나의 길을 가든 결국엔 아래로 점점 내려가는 것입니다. 그렇게 하면 모든 의심이 사라질 수 있습니다. 여러분이 의심되는 문제를 스스로의 체험을 통해 해결하기 때문입니다. 날이 가고, 달이 가고, 해가 가면서 점점 더 평화롭고 점점 더 행복해지면서 여러분은 확신을 갖게 될 것입니다. '이거야. 이것이 내가 가야 할 길이야.' 그런데 이것을 판단하는 것은 생각이 아니라 체험입니다.

저는 미국의 심리학자들에게 '과거의 고통스러운 체험을 어떻게 극복할 것인가'라는 주제로 강연한 적이 있습니다. 그때 저는 한 장의 종이에다가 어떤 고통스러운 일이 일어났는지, 무엇이 일어났는지 모두 적으라고 일러주었습니다. 첫 번째는, 고통의 원인이 되는 문제를 가슴속에서 꺼내서 스스로 그 문제를 시인해야 합니다. 나쁜 일들을 모두 꺼내서 종이에

적는 것입니다. 그 다음은 갈색 잉크 펜으로 화장지에 모두 옮겨 적습니다. 지금까지 살면서 일어났던 나쁜 일들을 모두 다 옮겨 적는 것입니다. 그것은 지금까지 자신에게 일어났던 모든 나쁜 일들과 관계를 맺는 것입니다. 그리고 그것을 화장실 변기에 내려보냅니다. 그 전에 할 일은 똑똑하게 소리 내어 읽는 것입니다. 그 다음은 그것을 놓아버릴 준비를 해야 합니다. 화장지가 본래 가야 할 곳으로 그것을 가져갑니다. 그렇게 '놓아버리기' 세리머니를 하는 것입니다.

화장실 변기통에다 버리고 버튼을 내리면 쓱쓱! 잘 내려갑니다. 이것은 진짜로 효과가 있습니다. 미국과 호주에 있는 심리 상담사들은 이 방법을 사용하고 있습니다. 제가 생각해 낸 것인데, 농담입니다만 이 심리 상담사들은 여기에 대해 저작권료를 주지는 않습니다.

이것이 효과가 있는 이유는 이렇습니다. 우선 그런 일들을 인정하는 것입니다. 그리고 우리가 변기통에 버리는 배설물과 동일시하는 겁니다. 똥이나 오줌을 닦을 때 화장지 양면을 다 쓰지 않지 않습니까. 그런 것처럼 한쪽에만 과거의 나쁜 기억들을 쓰고 변기통에 넣으면 됩니다. 이 갈색 잉크 세리머니는 과거의 모든 나쁜 기억들을 모두 놓아버리겠다는 마음을 강하게 해줍니다.

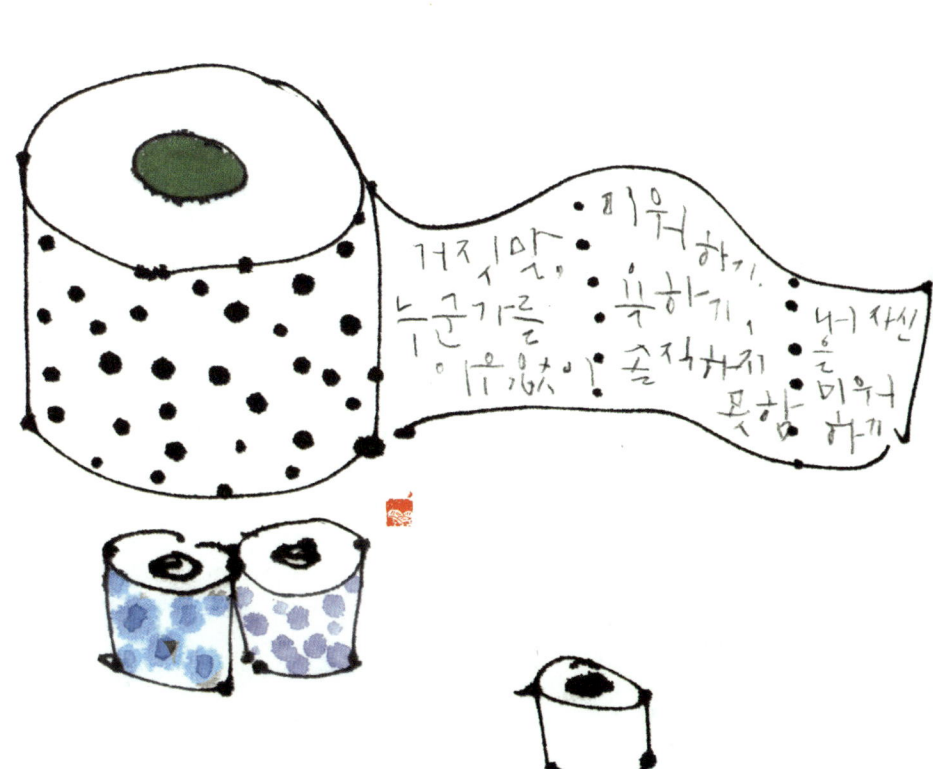

하지만 복수를 하기 전까진 절대 놓아 버릴 수 없다는 마음이 들면, 지금 제가 하는 말을 생각해보십시오. 만일 여러분에게 나쁜 짓을 한 사람이 기독교인이라면 하나님께서 당연히 벌을 줄 것이고, 그 사람이 불자라면 인과에 따라 벌 받을 것을 것입니다.

여러분이 그 사람에게 벌을 주는 중간 매개가 될 필요는 없습니다. 여러분이 할 일은 벌을 주는 게 아니고 놓아버리는 일입니다. 그러면 업이 알아서 해결합니다. 이렇게 하면 마음을 놓아버릴 수 있습니다. 여러분 집에는 대부분 사진을 넣어두는 앨범이 있으시지요. 앨범을 펼쳐보면 명절날 가족과 찍은 사진들이 있습니다. 모두 행복한 사진들뿐일 것입니다. 남편과 아내가 싸울 때 찍은 사진을 앨범에 간직하는 사람도 있습니까? 아파서 입원한 사진을 간직하는 사람이 있습니까? 우리는 그런 끔찍한 사진은 간직하지 않습니다. 행복한 사진만 간직합니다. 그런데 우리는 왜 사진에 담지도 못할 고통스러운 기억을 가슴속에 간직하고 있는 것입니까?

여러분, 그 불쾌한 사진들을 기억에서 다 없애버리십시오. 행복한 사진만 간직하십시오. 그러면 더 건강하고 건전한 사람이 될 것입니다. 누군가 과거의 고통에서 무언가를 배워야 한다고 말한다면, 그것은 진실이 아닙니다. 우리는 그런 것으

로부터는 배울 수 없습니다. 우울해지고 화가 날 뿐입니다. 우리는 과거의 성공으로부터 배웁니다. 과거에 어떻게 성공을 했는가에서 배웁니다. 성공법은 우리에게 에너지를 충분히 줄 뿐만 아니라 무엇인가를 해야 한다는 동기를 갖게 해줍니다.

만일 누군가가 여러분에게 크게 상처를 안겨주었다면, 그를 놓아버릴 때까지 그 사람은 여러분을 아프게 하고 또 아프게 합니다. 그런 기억을 떠올릴 때마다, 그 사람에게 자신을 아프게 하도록 허용하는 것입니다. 일단 그것을 다 놓아버리면 그 사람은 여러분을 더 아프게 하지 않습니다. 여러분, 과거의 아픔에 계속 고통받고 있는 게 얼마나 어리석은 일인지 이해가 가십니까. 누군가 여러분에게 욕을 하거나 고통을 주었을 때, 그 사람은 단 한 번만 아프게 한 겁니다. 다른 사람의 어떤 행동도 여러분에게 큰 상처가 될 수 없습니다.

○ 열여덟 번째 인생 사진

화를 내는
바보들을
대하는 법

"아들아, 네가 삶에서 무엇을 하며 살아가든지, 네가 좋은 것을 배웠든 나쁜 것을 배웠든, 항상 이것만은 기억하거라. 네가 어떠한 사람으로 살고 있든 아버지의 마음속에 너는 항상 내 아들이란다. 나는 너를 언제나 네 모습 그대로 받아들일 것이다."

제가 십대였을 때 아버지가 저한테 해준 말입니다. 그때는 어려서 아버지가 진정으로 전하고 싶었던 뜻을 이해하진 못했었습니다. 그 후로 불교 수행자가 되어서야 아버지 말 속에 담긴 큰 사랑을 깨달을 수 있었습니다. 언제나 따뜻하게 저를 바라봐주신 것만으로도 저는 개방적이고 따뜻한 사람이 될 수 있었으니까 말입니다.

제가 세상에서 최고의 사람이 되었든, 아니면 최악의 범죄자가 되었든, 제가 어떻든, 아버지는 저를 항상 사랑한 것이었습니다. 아버지와 저의 부자 관계는 변하지 않으니까요. 바로 거기에서 저는 자비심의 핵심을 깨닫게 되었습니다.

다른 사람에게, 저와 다른 생각을 가진 사람에게도, 같은 길을 걸어가는 사람에게도, 항상 제 마음을 열어두는 것입니다. 아버지가 저한테 주신 선물 같은 자비와 친절을 모두에게 돌려주는 것입니다.

저는 목이 아프거나 피곤할 때도, 제 아픈 목에게 마음의 문을 엽니다. 목이 아프지 않게 애쓰지도, 노력하지도 않습니다. 그러면 목 아픈 게 오래가긴 하지만 목에게 분노하진 않게 됩니다. 여러분도 종종 졸림을 경험할 텐데 그럴 때 졸림에게 친절하십시오. 그러면 여러분의 마음의 문이 열릴 것입니다. 무엇을 체험하든 항상 친절하면 됩니다. 만일 여러분이 다른 곳에 있고 싶은 마음, 다른 것을 하고 싶다면, 그 마음엔 성냄이나 분노 같은 악의가 있다는 겁니다. 그런 것들이 생길 때, '아, 난 그것을 사랑해, 그걸 받아들이겠어!' 그러면 됩니다. 그렇지만 그런 태도를 갖기 위해선 아무 조건도 없이 사랑과 용서를 줄 수 있어야 합니다.

불교 경전에 나오는 이야기입니다.

어느 날, 남편이 회사에서 일찍 퇴근해 돌아왔습니다. 아내는 남편을 위해 맛있는 저녁 요리를 준비하고 있었습니다. 아내는 남편에게 달걀이 떨어졌으니 시장에 가서 달걀을 사다 달라고 부탁했습니다. 그래서 한 번도 시장에 가본 적이 없는 남편은, 아내가 그려준 시장 가는 길을 따라서 달걀을 사러 갔습니다.

그런데 시장에 도착하자마자 열여섯 살 쯤 돼 보이는 젊은 이가 갑자기 남자에게 다가오더니 이렇게 말했습니다.

"바보 천치야! 어떻게 이렇게 못생겼냐! 낙타 엉덩이보다 더 못생겼다! 아침에 샤워도 안 했나봐. 개똥보다 더 지독한 냄새가 풍기네. 참, 어떻게 이렇게 어리석게 보일 수 있냐."

낯선 젊은이가 시장 한복판에서 크게 소리치며 말하니까 남자는 얼굴이 화끈거리고 창피해져서 견딜 수 없었습니다. 그런데 이 젊은이는 남자를 따라다니며 점점 더 나쁜 이야기를 쏟아냈습니다. 제가 수행승으로서 여러분에게 다 해줄 수 없는 말까지 입에서 나왔습니다.

남자는 젊은이의 이야기를 듣고선 화가 치밀어 그냥 집으로 돌아갔습니다. 달걀을 기다리던 아내는 성난 얼굴의 남편을 보자 할 말을 잃고 서 있었습니다. 남편은 아내에게 다시는 시장에 가지 않겠다고 말했습니다. 시장 사람들은 너무 불친절하고 자신을 비난했다고까지 했습니다.

시간이 지난 뒤, 아내는 화가 좀 풀린 남편에게 물었습니다.
"여보, 시장에서 무슨 일이 있었어요?"

시장에서 일어난 남편의 이야기를 다 들은 아내는 부드러운 목소리로 말했습니다.

"그랬었군요. 당신을 돼지나 바보 천치라고 비난한 그 젊은이는 어렸을 때 잠자고 있다가 머리를 다쳐서 두뇌 손상을 입은 사람이에요. 학교도 다니지 않았고, 물론 직장도 없습니다. 결혼도 할 수 없는 아주 불쌍한 사람이에요. 그래서 시장에 가면 저한테도 소리치기도 하고, 다른 사람한테도 욕도 하지만 다들 그가 불쌍하기 때문에 바라보기만 해요."

남편은 아내의 말을 듣자마자 분노가 눈 녹듯이 사라졌습니다. 머리를 다친 불쌍한 사람에게, 그것도 조금도 귀담아 들을 필요가 없는 말에 화를 냈다고 생각하니까 오히려 자신이 부끄러웠습니다. 조금 뒤 남편이 진정된 것을 보고 아내는 "여보, 아직도 밀갈이 필요해요"라고 말했습니다.

그러자 남편은 시장으로 다시 갔습니다. 조금 전 그 젊은이가 쫓아다니며 "야, 저 개똥 냄새 안 맡으려면 코를 막아야 해! 저 얼굴은 끔찍해서 더 이상 쳐다볼 수 없어!" 소리를 질렀습니다. 그렇지만 남편은 더 이상 화가 나지 않았습니다. 젊은이는 계속해서 남자를 천치라고 비난했지만 귀담아 듣지 않고 남편은 달걀을 사서 집으로 돌아올 수 있었습니다. 왜냐하면 젊은이가 두뇌 손상을 입은 걸 알았기 때문에 친절함을 갖게 된 것이었습니다.

만일 여러분의 남편이 퇴근해서 소리 지르고, 화내고, 싸움을 걸려고 하면 이 이야기를 떠올려보십시오. '나는 잘못한 게 아무것도 없는데, 오늘 남편이 회사에서 머리를 다쳐서 두뇌 손상을 입었나 보다'라고 말입니다. 누군가 화를 내는 것은 모두 일시적으로 일어나는 정신착란 상태에 빠진 것이라고 붓다께선 말씀하셨습니다. 그래서 누군가 화내고 소리 지르고 꾸짖으면, 같이 화를 내지 말고 전혀 없는 사람처럼 행동해보십시오. 그냥 '저 사람이 머리를 다쳤나 보다' 이렇게 말입니다.

그러면 여러분이 화를 내는 사람한테 자비심을 내게 되는 겁니다. 그리고 여러분의 자비심은 결국 그 사람의 화도 가라앉히고 여러분에게도 상처를 남기지 않을 것입니다.

여러분이 살고 있는 서울에도 나쁜 사람들이 많으리라 짐작됩니다. 그래서 두려운 분들은 항상 친절함을 가지십시오. 그러면 안전할 것입니다.

○ 열아홉 번째 인생 사진

온천마사지가
진정한명상인이유

온천에서 따뜻한 물에 몸을 담그고 있거나, 혹은 해변에 누워서 핸드폰은 바다에 던져버린 채 아무 걱정도 없고 할 일마저 없다면 여러분은 어떻겠습니까? 상상해보는 것만으로도 입가에 웃음이 지어지지 않습니까? 이것이 우리가 바라는 행복의 한 모습이기 때문입니다.

저는 호주 시드니에서 열린 한 명상 학술회의에서 스탠퍼드 대학의 한 교수와 함께 주제 발표를 한 적이 있습니다. 심리학 교수인 그는 학술회의 때 놀라운 실험을 해보였습니다. 제자들로 구성된 두 그룹을 데리고 와서 여섯 가지 실험에 참여하도록 했습니다. 교수는 두 그룹 중 한 그룹은 하루 동안의 집중 명상에 참여하도록 보냈고, 또 다른 그룹은 캘리포니아에 있는 온천으로 보냈습니다. 학생들은 마사지까지 받고 황홀해 했습니다. 실험 마지막 날 교수는 어떤 그룹이 더 긴장이 풀렸는지를 측정하기 위해 인내 테스트를 실시했습니다. 결과는 매우 확신을 주는 것이었습니다. 온천에 간 학생들은 하루 동안 명상을 한 학생들보다 훨씬 긴장이 풀린 상태였습니다.

제가 이 이야기를 들려주는 이유는, 우리에게 중요한 사실을 알려주기 때문입니다. 이 이야기에서 진정한 명상을 체험한 사람들은 수행 그룹이 아니라 온천에 간 그룹이었습니다.

명상은 그저 '마음챙김'만이 아닙니다. 친절함kindness을 잊지 마십시오. 많은 명상 기법들이 마음챙김을 활용하지만, 불행하게도 자비의 가장 중요한 요소들을 잊고 있습니다. 부드러움과 알아차림awareness, 긴장을 풀어주고 평화롭게 만드는 것입니다. 저를 싫어하는 사람조차 "당신의 명상 지도는 부족함이 없군요. 사람들을 어떻게 이끌어야 하는지, 어떻게 긴장을 풀어야 하는지를 너무나 쉽게 가르쳐 줍니다"라고 말하는 이유는 제가 이 점을 알고 있기 때문입니다.

중요한 것은 '마음챙김에 대한 친절함'입니다. 저는 '친절한 마음챙김Kindfulness'이라고 부릅니다. 여러분이 명상 캠프에 참가하게 된다면, 단지 마음을 알아차리는 것뿐만 아니라, 알아차림에 대해 친절한지를 확인하십시오. 친절함이 없다면 여러분은 긴장을 풀기 어렵습니다.

마음챙김에 친절함이 더해지면 몸의 긴장을 풀 수 있습니다. 그리고 여러분이 진정으로 긴장을 풀 수 있다면, 그것은 온천에서 마사지를 받는 것과 같이 황홀합니다. 그렇지만 대부분의 사람들은 몸의 긴장을 푸는 방법을 모르고 있습니다. 그리고 그들은 자신이 그렇다는 사실에 더욱 놀랍니다.

이것은 여러분이 병들고 젊은 나이에 죽음을 맞는 원인 중 하나입니다. 만일 여러분이 긴장을 풀어서 행복하다면, 먼저

그것을 몸에 하십시오. 그리고는 여러분의 정신세계에 하십시오. 마음의 긴장을 풀라는 뜻입니다.

여러분이 스스로에게 긴장을 풀라고 말하는 것은 자신의 몸에 친절한 것입니다. 자비로운 것입니다. 여러분은 그럴 자격이 있습니다. 여러분의 마음이 긴장을 풀기 시작하면, 그것은 정말 기적입니다.

여러분도 혹시 열심히 일하라고 강요하는 '지옥으로부터 온 상사'가 있습니까? 그런 상사가 있다면 사무실에 있습니까? 아니면 여러분 머릿속에 있습니까? 만일 사무실에만 있다면 그렇게 나쁘지는 않습니다. 여러분이 집에 가서 불을 끄고 밤에 자려고 해도 생각을 멈출 수 없도록 한다면, 그것은 문제입니다.

여러분의 정신세계 속에서 여러분을 통제하는 별난 것들을 상상해보십시오. 그것들이 병이 들어 사라졌다고 상상해보십시오. 그래서 할 일이 아무것도 없고, 성취할 것도 아무것도 없고, 아무런 갈 곳도 없는 상태로, 긴장을 풀고 평화로운 상태로 있으십시오.

저는 정신세계 속의 고요가 어떤 것인지에 잘 알고 있습니다. 만일 너무 피곤하다면 잠들어도 괜찮습니다. 머릿속에서 여러분에게 무엇을 하라고 명령하지도 않습니다. 드디어 자

혜인

아무것도 하지말고

유와 평화가 찾아옵니다. 그것이 제가 대부분의 시간에 하는 것입니다.

바닷가에서 긴장을 풀고 놀 때도, 우리는 다음에 무엇을 할까, 이제 무엇을 먹을까 등등 계속 생각합니다. 이제 그러지 마십시오. 그런 생각들을 멈추고, 내려놓고 푹 쉬십시오.

아마 여러분은 회사에 가기 위해 운전을 할 때 교통 체증을 경험할 것입니다. 저는 그 순간 긴장을 풀고, 그 순간에 존재하며, 차를 운전하지 않아도 된다는 사실에 기뻐합니다. 다시 말해, 아무것도 걱정하지 않으며 그 순간을 즐깁니다. 여러분의 삶에는 아무것도 하지 않아도 되는 아주 많은 순간들이 주어집니다. 그런데 그 순간들 동안 여러분은 대신 이메일을 찾아보거나 아이팟의 음악들을 듣고 있습니다. 여러분이 계속 이메일을 먼저 확인하고 그것을 우선시한다면 여러분은 휴식하는 시간을 전혀 가질 수 없습니다.

오래 전, 한 남자가 저한테 전화를 걸어왔습니다.

"스님, 오늘 저희 집에 오셔서 염불을 해주십시오."

저는 미안하지만 바쁘다고 말했고, 그는 저한테 할 일이 무엇이냐고 다시 물었습니다.

"저는 오늘 아무것도 하지 않습니다. 그것은 수행자가 해야

할 일입니다."

그는 불자였는데 그냥 전화를 뚝 끊었습니다. 그리고 다음 날 그는 다시 절에 전화를 해서 똑같이 부탁했습니다.

"스님, 오늘은 저희 집에 오셔서 염불을 해주실 수 있습니까?"

저도 똑같이 미안하지만 바쁘다고 말했고, 그는 저한테 무엇을 할 것이냐고 다시 물었습니다. 그래서 저는 부드러운 목소리로 대답했습니다.

"저는 아무것도 하지 않습니다."

그러자 그는 화가 나서 물었습니다.

"스님, 그것은 어제도 저한테 하신 말씀 아니십니까?"

저는 천천히 다시 말했습니다.

"정확합니다. 저는 아직 끝나지 않았습니다."

만일 이 이야기를 이해하신다면 어떻게 명상을 하는지 이해할 수 있습니다. 제발 '아무것도 하지 않는 것doing nothing'을 우선에 두십시오. 항상 무엇을 하는 것으로부터 먼저 벗어나도록 하십시오. 그리고 나서 긴장이 풀렸다면 그 다음에 진정한 명상을 할 수 있습니다. 오늘 저녁 여러분의 가슴속에 '아무것도 하지 않는 것'을 분명하게 새기십시오.

○ 스무 번째 인생 사진

서투른 운전사 훈련시키기

아름다운 옷을 판다고 소문이 난 상인이 있었습니다. 앞이 보이지 않았던 한 장님은 비록 눈은 보이지 않았지만 멋진 옷을 사서 입고 싶었습니다. 그래서 장님은 그 상인을 찾아갔습니다. 하지만 상인은 상대방이 장님이란 걸 눈치 채고 더럽고 낡은 넝마를 멋진 옷이라고 속여서 팔았습니다. 그것도 엄청나게 비싼 가격에 말입니다. 장님은 그 값이 얼마든 사서 입고 싶었습니다.

훗날 장님은 훌륭한 의사를 만나서 시력을 되찾을 수 있었습니다. 그런데 앞을 보게 된 그 남자가 제일 먼저 본 것이 무엇인 줄 아십니까? 바로 자신이 비싸게 주고 산 누더기 옷이었습니다. 남자는 자신에게 옷을 속여 판 사기꾼을 찾아다니다가 결국 깨달았습니다. 가장 큰 실수를 한 사람은, 낡은 넝마를 멋진 옷이라고 주장하는 사기꾼의 말을 듣고 비싼 값에 구입한 자신이라는 사실을 말입니다. 멋지고 싶은 욕망을 좇은 대가였습니다.

이것은 우리 모두에게 큰 교훈이 되는 이야기입니다. 여러분도 마찬가지입니다. 겉으로 보기에 훌륭하고 좋은 것들을 걸치고, 입맛을 즐겁게 해주는 맛있는 음식을 먹으면, 너무 행복하다고 생각하지 않습니까? 하지만 여러분이 성장을 통해 눈을 뜨고 나면 그때는 깨닫게 될 것입니다. '내가 모르고 누더기를 좋아했구나!' 우리가 욕망에 유혹당하거나 분노를 폭발시킬 때는 볼 수 없는 것들이 있습니다. 초콜릿 같이 맛있는 음식들, 갖고 싶거나 갖고 있는 소유물들, 사랑하는 사람을 향한 욕망, 무언가를 바라는 마음 때문에 실체를 볼 수 없게 되는 것입니다.

감각적인 욕망은 우리의 맛을 왜곡하기도 합니다. 제가 십대 시절 처음으로 맥주를 한 모금 마셨을 때는 정말로 역겨웠습니다. 그런데 계속 맥주를 마시다 보니 그 맛이 좋아졌습니다. 맥주의 맛이 변한 게 아니라 제가 달라진 것이었습니다.

사회적인 관계와 사회적인 욕망도 이와 다르지 않습니다. 우리는 행복을 빌려오고 있으며, 반대로 나중에는 부정적인 생각과 감정, 걱정거리들로 우울증을 경험하게 됩니다.

우리는 이것들을 놓아버려야 합니다. 놓으면 거기엔 아무도 없습니다. 많은 사람이 명상을 배우러 저를 찾아옵니다. 명상이 무엇인지 이해하기 위해서 말입니다. 하지만 여기 앉아 있는 여러분 중 대부분은 진정한 깨달음에는 관심이 없습니다. 그저 살아가면서 덜 고통스럽고, 더 행복해지는 것만 바랄 뿐입니다.

삶을 버스 여행에 비유해보겠습니다. 버스는 여러분의 몸과 마음이고, 버스 운전사는 여러분의 의지입니다. 만일 여러

분의 삶이라는 버스가 힘든 시기를 지나고 있다면, 여러분은 운전사에게 속도를 내게 하여 빠르게 고통에서 벗어나기를 바랄 것입니다. 하지만 운전사는 오히려 천천히 버스를 운전하거나 아예 브레이크를 밟고 정지해버립니다. 그래서 우리에게 어려운 시기가 계속되는 것입니다. 반대로 행복한 시간들을 지나갈 때는 좀 더 오래 있고 싶고, 그 시간들이 좀 더 계속되기를 바랍니다. 그래서 버스 운전사에게 천천히 가라고 부탁합니다. 그런데 버스 운전사는 가속페달까지 밟아가며 냅다 달려버립니다.

그렇다면 우리를 마음대로 지배하고 있는 의지, 즉 서투른 운전사를 어떻게 해야 하겠습니까. 버스가 행복한 지역을 지날 때는 천천히 가게 훈련시키고, 피하고 싶은 곳을 지날 때는 빨리 지나갈 수 있도록 훈련시키면 됩니다. 이렇게 하려면 여러분은 먼저 버스 운전사인 의지를 찾아야 합니다. 소를 훈련시키기 위해서는 소를 찾아야 하는 것과 마찬가지입니다. 그러면 어떻게 하면 이 의지를 찾을 수 있겠습니까? 내면 깊숙이 내려가야만 버스 운전사인 의지를 찾을 수 있습니다. 바로 거기가 의지가 앉아 있는 자리입니다. 그런데 거기로 갔을 때 우리는 운전사가 없다는 것을 깨닫게 됩니다. 그리고 버스를 운전하는 사람이 없음을 알고 나면, 다시 자신의 자리로 가서 앉게 됩니다. 운전사가 없기 때문에 빨리 올라타라고 말할 사람도 없고, 내려달라고 소리치는 사람도 없습니다. 여러분은 버스를 타고 가는 걸 즐기고 있기 때문에 평화롭게 앉아 있을 수 있습니다. 마침내 고통과 행복의 욕망들이 모두 사라진 것입니다. 여러분에게는 어려운 이야기일 수 있습니다. 그렇지만 해보십시오. 욕망을 일으키는 주체가 어디에도 존재하지 않는다는 사실을 깨닫게 될 것입니다. 이제 여러분은 모든 욕망을 놓아버리게 됩니다. 분노, 질투, 복수를 하겠다는 마음도 모두 놓아버리게 됩니다.

다른 비유가 하나 더 있습니다. 어떤 사람이 감옥에서 태어나 감옥에서 자라났습니다. 이 감옥에는 다섯 개의 벽이 있었습니다. 그리고 아주 엄격한 간수가 하나 있습니다. 그 사람의 이름은 '의지'입니다. 여러분이 조용히 있으려 할 때 간수는 가만있게 놔두지 않습니다. 명상을 하려고 하면 얼마나 어려운지 아십니까? 고요하게 명상을 하고 있으려면 간수가 와서 "지금 그러고 있을 때가 아니야!" 하고 소리를 지르고 자극을 줍니다. 여러분은 자신의 의지가 많은 행복과 즐거움을 가져다준다고 생각하실 테지만, 불교에서는 의지를 공공의 적 1호로 여깁니다.

여러분이 의지의 실체를 보고, 의지를 진정시키고, 모든 것을 놓아버리는 것은 감옥의 간수를 잠재우는 것과 같습니다. 평생 감옥에서 살던 사람이, 간수가 자는 동안 감옥에서 나와서 이 세상이 어떻게 생겼는지 처음 보게 되는 겁니다. 그때 여러분은 깨닫습니다. '내가 일생 동안 감옥에만 있었구나!' '의지가 내 친구인 줄 알았더니 내 적이었구나!' 그렇게 깨닫게 되는 것입니다.

우리가 의지를 발현할 때마다 우리는 우리를 공격합니다. 의지를 깨울 때마다 우리는 마음속의 고요를 방해합니다. 하지만 우리는 모든 것을 내려놓고 이렇게 마음을 진정시킬 수 있습니다. 기웃거리는 마음을 가라앉히고 모두 내려놓으십시오. 삶이 버스 여행이라면, 명상은 그런 여행을 멈추는 것입니다.

○ 스물한 번째 인생 사진

비가 내리니까 날씨를 바꿔주세요

기상청에 비가 내린다고 항의한 호주의 한 남성 이야기를 듣고 저는 웃음을 참을 수 없었습니다. 그 남성은 기상청에 전화를 해선 "날씨를 바꿔주세요. 저는 오늘 오후에 중요한 외출이 있습니다"라고 했답니다. 아무리 기상청의 직원들이라도 날씨를 바꿀 수는 없지 않겠습니까? 어느 누구도 바꾸지 못하는 날씨를 바꾸라고 명령한 남성의 이야기는, 농담 같지만 실제로 우리의 생활 속에서 많이 일어납니다.

"난 하버드대학교에서 학위를 했어. 저 친구는 4년제 대학도 못나왔네."

"이런 내가 대학을 잘못 들어갔군."

삶이 여러분을 못살게 하는 게 아니라, 여러분이 삶을 어지럽히는 것입니다. 인간이라면 누구나 병에 걸리고 결국엔 죽음을 맞이합니다. 사랑할 때는 잘 살다가도, 도저히 못살겠다며 이혼을 하기도 합니다. 그것이 바로 우리의 삶입니다. 기차가 고장 나서 멈출 수도 있는 것입니다. 여러분이 뽑은 정치인들이 거짓말을 할 수도 있는 겁니다. 그럴 때 화내지 마십시오. 삶이 무엇인지 이해한다면 심하게 화가 나지 않을 것입니다. 날씨를 바꿀 수는 없습니다. 어느 누구도 바꾸지 못합니다. 여러분도 남편들을 바꿀 수 없습니다. 남편들은 다 똑같습니다. 다른 사람들을 바꾸는 것에 대한 이야기를 해보겠습니다.

동성애자에 대해서 비판적인 시각으로 보는 사람들이 있습니다. 사실 '게이gay'라는 단어의 뜻은 '행복하다'는 의미입니다. 동성애자 역시 삶의 일부이고 자연의 일부입니다. 연구자들에 의하면, 새들도 동성애 새들이 있다고 합니다. 자연의 일부인 겁니다. 아마도 싱가포르에는 동성애 모기도 있을 것 같습니다. 웃자고 한 이야기입니다. 동성애도 삶의 일부이고, 그러니까 그들의 삶도 축복해야 합니다.

만일 이성애자라면 이성애자라는 사실을 축하하십시오. 친구가 동성애자라면 동성애자라는 사실을 축하하십시오. 사실 금욕 생활을 하는 수행승은 성적으로 가장 이상한 존재입니다. 그렇지만 금욕자라는 사실을 축하해주십시오.

저는 호주에서 동성애자 지지 선언을 했습니다. 인도네시아에 있을 때 호주 정부에 문서를 보내서 동성애자 결혼을 지지한다고도 했습니다. 영국의 수상 데이비드 캐머런은 동성애자 결혼 법안을 내놓아서 통과시키기도 했습니다. 동성애자들도 다른 사람들과 똑같이 결혼식을 올릴 수 있도록 한 겁니다. 똑같은 논쟁이 호주에서도 일어났었고, 그때 저는 호주 정부에 〈동성애자 결혼에 대한 불교의 관점〉이라는 글을 써서 전달했습니다. 여러분이 만일 동성애자이고 누군가

를 사랑한다면, 그리고 진심으로 그 사람에게 헌신하고자 한다면 안 될 게 무엇이겠습니까?

동성애자들은 왜 여러분의 가족과 친구 앞에 당당히 설 수 없는 것입니까? 사랑은 다른 누군가를 존중하고 신뢰하는 것이며, 아주 아름다운 것입니다. 상대방이 어떻게 하든 마음의 문을 항상 열어두는 것이고, 상대방을 믿는 것입니다. 이 관계를 진정으로 펼쳐나가 보는 것, 저는 그것이 결혼의 가장 중요한 요소라고 생각합니다. 그런데 그 관계가 왜 오직 남성과 여성 관계에만 제한되어야 하는지 모르겠습니다. 왜 두 남성, 두 여성에게는 안 된다는 것입니까. 우리 사회 안에서 사랑을 지켜내도록 합시다.

호주 퍼스 시에 있는 동성애자 소수자 모임의 회원들은 저를 매우 존경합니다. 몇 년 전에 저를 그들의 아침 모임에 초대해서 간 적도 있습니다. 사실 게이가 아닌 저를 그 모임에 초대했다는 사실만으로도 무척 자랑스러웠습니다. 저는 거기서 간략하게 인사말을 했습니다.

"성적으로는 제가 여러분 누구보다 더 비정상입니다. 저는 금욕주의자입니다."

모두들 웃으면서 강의를 끝까지 들어주었습니다.

밸런타인데이에 제가 했던 강의도 기억에 남습니다. 그때는 인도네시아에 머물 때였습니다. 여러분이 실제로 누군가와 결혼하게 된다면 지금 제가 하는 말을 명심하십시오.

여자들은 돈 많은 남자와 절대로 결혼하지 마십시오. 남자가 돈이 많으면 배신할 능력이 있다는 겁니다. 가난한 남자와 결혼하면 백 퍼센트 안전합니다. 그리고 남자들은 절대로 예쁜 여자와 결혼하지 마시고 못생긴 여자와 결혼하십시오. 그러면 결코 질투에 시달리는 일이 없을 것입니다. 어느 누구도 여러분의 아내를 탐내지 않을 테니까 말입니다. 그것이 질투를 극복하는 길입니다. 남자는 못생긴 여자와 결혼하고, 여자는 가난한 남자와 결혼하는 것입니다. 모든 못생긴 여자와 모든 가난한 남자가 모이면 여러분은 거기서 영웅이 되는 겁니다. 최고의 상황은 잘생긴 남자를 한 번도 만나본 적 없는 못생긴 여자가 오늘 제 법문을 들으러 왔는데, 가난한 남성들 전부가 그녀에게 사랑을 고백하는 것입니다. 제가 또 농담을 했습니다.

오늘 저녁 이 절에서 여러분은 수많은 부담으로부터 자유롭습니다. 텔레비전에서 해방되었고, 인간관계에서 해방되었습니다. 요금 고지서로부터도 자유롭습니다. 직업을 반드시 가져야 하는 의무에서도 해방되었습니다. 우리를 우울하게

만드는 수많은 인생의 쓴맛으로부터도 자유롭습니다. 붓다께선 승려들에게 스스로가 어디에서 해방되었는지를 정확히 지각하는 힘을 키우라고 말씀하셨습니다. 이것을 정확하게 아는 것이 행복감, 자유에서 비롯되는 행복감을 키우는 데 도움이 되기 때문입니다.

옛날 한 스님이 나무 밑에 앉아 외쳤습니다.

"오, 지극한 행복이여! 오, 지극한 행복이여! 오, 지극한 행복이여!"

옆에 있던 스님들은 이 소리를 듣고 생각했습니다. 출가 전에 왕이었던 그 스님이 예전의 왕이었던 시절에 누렸던 감각적 쾌락들을 회상하고 있다고 말입니다. 그래서 물었습니다.

하지만 그 스님은 이렇게 말했습니다.

"왕이었던 시절을 생각하는 것이 아닙니다. 제가 '오, 지극한 행복이여!'라고 했던 것은 왕이었던 시절의 모든 근심과 걱정, 쓰라림에서 자유로워졌기 때문입니다."

여러분도 명상을 하면서 똑같이 하라고 권해드립니다. 여러분이 놓고 온 것들을 기억하십시오.

"오, 지극한 행복이여! 오, 지극한 행복이여! 복잡한 거리에서부터 해방되었구나!"

"오, 지극한 행복이여! 오, 지극한 행복이여! 직장에서 해방되었구나!"

"오, 지극한 행복이여! 오 지극한 행복이여! 인간관계의 압박으로부터 해방되었구나!"

"오, 지극한 행복이여! 오, 지극한 행복이여! 돈에 대한 걱정, 재산을 늘려야 한다는 걱정으로부터 해방되었구나!"

여러분, 절에 오면 너무나 많은 것으로부터 해방되는 것을 알 수 있습니다. 절에 머무는 몇 시간, 며칠 동안만이라도 수많은 짐을 내려놓으십시오.

○ 스물두 번째 인생 사진

쥐덫에 걸려 죽은
소 이야기

여러분이 경험한 최고의 행복은 무엇입니까? 음악인가요? 연인과의 사랑이었습니까? 아니면 첫 아이가 태어났을 때였습니까? 아니면 회사에서의 승진이었습니까? 저는 생활 속에서 마주치는 문제들에 대해 여러분과 이야기 나누는 것을 좋아합니다. 제가 여러 나라를 다니면서 명상 강의를 할 때도 마찬가지입니다. '어떻게 하면 행복할 수 있을까?', '어떻게 하면 화목하게 살 수 있을까?' 이런 문제들을 이야기합니다. 또한 저는 불교 전통뿐만이 아니라 불교 밖의 전통도 포함해서 말합니다. 제 이름은 아잔 브람입니다. '아잔'은 '스승'이란 뜻입니다. 그리고 저의 이름 브람의 스펠링은 BRAHM인데요, B는 불자(Buddhist), R은 로마 가톨릭교도(Roman Catholic), A는 영국 성공회교도(Anglican), H는 힌두교(Hindu), M은 무슬림 이슬람교도(Muslim)를 의미합니다. 그렇다면 이렇게 서로 다른 모든 전통들을 어떻게 실천해야 우리가 화목하게 지낼 수 있겠습니까? 첫 번째로 우리가 생각해야 할 것은 어느 한쪽 집단에 영향을 미치는 일은, 항상 다른 쪽 집단에도 영향을 미친다는 것입니다. 무신론자에게 미치는 영향이 유신론자에게도 오고, 불교도에게 미치는 것이 기독교인에게도 영향을 줍니다. 경전에 나오는 이야기를 하나 해보겠습니다.

옛날에 다섯 마리의 쥐가 농장에 숨어 살았습니다. 이 쥐들에겐 닭, 소, 돼지 이렇게 세 마리의 친구가 있었습니다. 이 친구들은 서로서로 아껴주며 사이좋게 지냈습니다. 어느 날 농부의 아내가 닭고기를 넣은 카레 요리를 만들려고 하면, 쥐는 닭한테 달려가서 전했습니다.

"닭아, 농부 아내가 너를 죽이려고 하니까 빨리빨리 숨어."

쥐 덕분에 닭은 죽음을 피할 수 있었습니다. 어떤 날은 농부가 소고기나 돼지고기로 소시지를 만들려고 하면, 쥐는 소한테 급하게 달려갔습니다.

"소야, 돼지야, 농부가 너희를 죽이려고 하니까 얼른 가서 숨어."

이렇게 쥐들과 세 친구들은 항상 서로를 도우며 지냈습니다.

그러던 어느 날, 쥐 한 마리가 작은 구멍으로 거실을 들여다보니까 농부가 쥐덫을 놓으려고 덫을 고치고 있었습니다. 쥐들은 모여서 회의를 했습니다.

"우리를 모두 잡으려고 농부가 쥐덫을 고치고 있었어. 곧 모두 죽게 될 거야. 너무 무서워!"

그래서 쥐들은 닭에게 먼저 찾아가서 말했습니다.

"닭아, 우리들을 도와줘. 농부가 쥐덫을 놓아서 죽이려고 해!"

쥐의 이야기를 들은 닭은 자신과 상관없는 문제라고 생각했습니다.

"쥐야, 그건 너희들 문제야. 설마 쥐덫에 닭이 죽겠니?"

도움을 받지 못한 쥐는 돼지를 찾아갔습니다.

"돼지야, 우리들을 구해줘."

돼지도 마찬가지였습니다.

"그 조그마한 쥐덫에 돼지가 죽겠니?"

닭도, 돼지도 자신의 문제가 아니라고 하자, 쥐들은 소를 찾았습니다.

"소야, 우리를 제발 좀 도와줘."

그런데 소도 똑같이 자신의 문제가 아니라고 대답했습니다.

"쥐덫에 덩치 큰 소에게 나쁜 일이 생기겠니?"

결국 쥐들은 닭도, 돼지도, 소에게서도 도움을 받지 못했습니다. 그전에 쥐들은 친구들을 돕기 위해 위험한 소식을 전달해주었지만, 모든 친구들에게서 거절당했습니다. 하지만 결국 그 쥐덫 때문에 맨 처음에 닭이 죽고, 돼지도 죽고, 마지막에는 소가 죽는 일이 벌어졌습니다.

어느 날 밤, 쥐 한 마리가 부엌을 돌아다니다가 그만 쥐덫을 건드려서 죽고 말았습니다. 탁! 쥐가 덫에 걸리는 소리를 듣자마자 나머지 네 마리 쥐는 무슨 일인지 살펴보러 부엌으

로 갔습니다. 동생 쥐가 덫에 걸려 납작하게 죽어버린 것을 본 쥐 네 마리는 슬퍼서 눈물을 흘렸습니다. 농부의 아내가 부엌에 나왔다가 쥐들이 서로 슬픔을 위로하며 어깨에 손을 얹고 있는 모습을 보았습니다. 농부의 아내가 얼마나 놀랐겠습니까? 그 광경을 보고 농부의 아내는 기절해서 머리를 크게 다쳤습니다. 농부는 아내를 데려다가 침대에 눕히고 극진히 간호했습니다. 그런데 농부의 아내는 점점 더 아팠습니다. 그러자 농부는 아내의 병을 낫게 하는 음식을 만들려고 궁리했습니다.

'닭고기 수프가 건강 회복에 좋다는데 닭을 잡자.'

농부는 닭을 잡아서 수프를 만들었습니다. 결국, 쥐덫이 이렇게 닭을 죽인 거였습니다.

마을 사람들은 이웃집 농부의 아내가 아프다는 소식을 듣고 찾아왔습니다. 집안에 손님이 오자 농부는 음식을 대접하기 위해 돼지우리로 갔습니다. 돼지고기를 넣은 카레를 만들기 위해서였습니다. 쥐덫이 돼지마저 죽인 겁니다.

그렇게 시름시름 병을 앓던 농부의 아내는 결국 죽고 말았습니다. 그러자 많은 사람들이 장례식에 모였습니다. 농부는 장례식에 와준 사람들에게 불고기를 대접했습니다. 그래서 소까지 죽게 되었습니다. 결국 작은 쥐덫 하나가 닭도 죽이고, 돼지도 죽이고, 소도 죽이게 되었습니다.

우리는 종종 '그건 내 문제가 아니야!'라고 생각합니다. 모든 문제는 기독교도만의 문제도 아니고, 무신론자만의 문제가 아니고, 항상 우리의 문제입니다. 이렇게 생각하면 우리가 행복하게 서로 사이좋게 살 수 있습니다.

저는 수행자로서 결혼식을 집전하고 축복하는 일을 많이 합니다. 주례하면서 신부에게 결혼한 여인이니까 '나'라고 생각하지 말라고 당부합니다. 그러면 신부는 고개를 끄덕이면서 알겠다고 말합니다.

"이제 저는 결혼한 사람이니까 '나'라고 생각하지 않겠습니다."

제가 신랑에게도 똑같은 당부를 합니다. 결혼한 남자니까 자기 생각만 하지 말라고 말입니다. 혹시 한국에선 어떤지 모르겠습니다만, 호주에서 제가 이 말을 신랑에게 하면, 조금 머뭇거립니다. 조금 머뭇거리다 하는 수 없이 대답합니다.

"예, 알겠습니다" 대답합니다.

저는 계속 신랑을 보며 이렇게 말합니다.

"이제부터는 여기 있는 이 여인을 당신 부인이라고 생각하지 마십시오."

그리고 신부에게도 말합니다.

"이제부터 이 남자를 당신 남편이라고 생각하면 안 됩니다."

일단 결혼을 하면 절대 자신을 '나'라고 생각하지 말아야 하고 상대방을 '동반자'라고 생각하지도 말아야 합니다. 결혼을 하면 '나'와 '너'가 아니라 '우리'로 생각해야 합니다.

이것이 바로 결혼 생활에서 화목할 수 있는 비결입니다. 결혼 생활 하다 보면 문제가 생길 수 있잖습니까? 그러면 누구의 문제이겠습니까? 바로 우리의 문제입니다. 우리는 같이 생각하고 같이 풀어야만 합니다.

○ 스물세 번째 인생 사진

결혼과 독신,
어떤 것이 행복할까?

"화장실 좀 가겠습니다!"

다급한 목소리로 제가 말하자, 저를 초대한 안주인은 종이를 가져다가 약도 한 장을 그려주었습니다.

"스님, 화장실은 저쪽 계단을 올라가서 오른쪽으로 가다가 다시 왼쪽으로 돌면 문이 네 개가 보일 것입니다. 그중에서 세 번째 문을 열면 거기가 남자 화장실입니다."

제가 호주에 있을 때 겪은 일입니다. 그 도시에서 아주 부자로 소문난 불자의 집을 축복하러 간 적이 있었습니다. 집은 거대한 고급 주택이었는데, 화장실에 가고 싶었던 저는 약도를 손에 쥐고 가야만 했습니다. 나중에 생각해보니 우스운 일이었습니다. 그러니까 여러분도 혹시 부자가 초대하거든 꼭 GPS 위성추적장치를 가지고 가십시오.

저는 화장실에 다녀온 뒤 그 여인에게 물었습니다.

"당신 가족이나 친구들, 친척들은 여기에 없습니까?"

그녀는 대답했습니다.

"저는 혼자서 살고 있습니다."

그러면서 계속 이야기했습니다.

"저는 모든 친척들이 저만 보면 돈을 빌려달라고 해서 걱정입니다. 그래서 친구들도 그럴까봐 아예 초대하지를 않습니다."

바로 이것이 부자들의 고통입니다.

가난한 사람들은 부자가 되고 싶어 합니다. 가난한 사람들에게는 가난한 사람의 고통이 있습니다. 부자들에게도 부자들의 고통이 있습니다. 고통은 없어지는 게 아니라, 고통의 맛만 달라지는 것입니다.

영국에서 있었던 일입니다. 어느 날 한 남성이 백만 파운드짜리 복권에 당첨되었습니다. 그는 갑자기 돈이 생기자 아내와 두 아이들이 함께 지낼 저택을 구입했습니다. 그런데 이 남성은 일 년도 채 살지 않고 저택을 팔아버렸습니다. 왜 그랬을까요? 이유인즉, 조그만 집에 살 때는 하루에도 몇 번씩 아내의 얼굴을, 아이들의 모습을 볼 수 있었는데, 저택에 살다 보니까 어떤 날은 온종일 가족들의 모습을 볼 수 없었기 때문이었습니다. 저택이다 보니까 남편은 저쪽 방에, 아들은 위층에, 딸도 또 다른 방에 있으면서 마주칠 일이 없어진 것이었습니다. 작은 집에 살았을 때는 이삼 분마다 가족들의 얼굴을 볼 수 있었는데 말입니다. 물론 좁으니까 가끔 다투기도 하고 불편했겠지만 어쨌든 가족들의 얼굴을 보고 살 수 있다는 좋은 점이 있었습니다. 여러분, 이것이 바로 가난한 사람들이 누리는 생활의 아름다움입니다. 이들은 서로 사랑할 줄 압니다. 가난한 사람의 고통이 있지만, 혹시 가난한 사람이

부자가 되더라도, 고통이 사라지는 게 아니라 또 다른 형태의 고통을 얻게 되는 것입니다.

여러분, 제가 화합의 비결을 알려드리겠습니다. "당신은 이렇게 부자여서 참 좋겠네요" 하고 다른 사람들을 부러워하지 말라는 것입니다. 어떤 사람은 생각합니다. 남자가 되고 여자가 되는 것, 또는 부자가 되고 가난하게 되는 것, 이것이 모두 고통이니까 불교 수행자가 되어야겠다고 말입니다.

어느 날, 한 자매가 상담을 하기 위해 절로 찾아왔습니다. 언니는 남편과의 결혼 생활이 고통스럽다고 말했습니다. 그런데 동생은 결혼을 하지 못해서 걱정하는 사람이었습니다. 저는 언니 분한테는 현재의 남편이 마음에 들지 않는다고 이혼하고 나서 새로운 남편과 살게 되면 그때는 행복할 것 같냐고, 새로운 남편도 겉모습은 달라보일지 몰라도 속마음은 똑같을 것이라고 말해주었습니다. 한편 동생한테는 배우자를 찾을 수 없다면, 인생을 같이할 사람을 정말로 자신이 원하고 있는지 자기 자신에게 물어보라고 조언했습니다. 그리고 저는 해법을 주었습니다.

"당신의 언니는 남편이 있는데, 남편이 필요 없다면서 헤어지겠다고 합니다. 당신은 남편이 필요하다고 하니까, 자 이제 그럼 서로 바꾸세요. 자매들은 항상 공유하지 않습니까? 서로 나누십시오."

 물론 저는 지나친 농담을 했습니다. 그 다음 저는 진지하게 남편 때문에 고통받는 언니에게 말했습니다.

 "당신은 지금 결혼 생활의 고통을 앓고 있는 것입니다. 그런데 결혼 생활이라는 것은 언제나 고통스럽고 문제가 있을 수밖에 없습니다. 만일 당신이 남편을 버리고 이혼하다면, 당신 동생이 가지고 있는 독신녀의 고통을 다시 받게 될 것입니다."

 가난한 사람들에게는 많은 좋은 점이 있습니다. 결혼 생활에도 좋은 점이 있고, 혼자 사는 것에도 많은 좋은 점이 있습니다. 불교 수행자도 마찬가지입니다. 수행자가 되면 많은 고통이 사라집니다. 결혼의 고통도 없고, 독신의 고통도 없고, 가난한 사람의 고통도 없고, 부자의 고통도 없습니다. 단 하나, 수행자의 고통이 있습니다. 우리는 어떤 문제가 생기면, 그 문제만 없어지면 해결될 거라고 말입니다. 경제적으로도 문제가 없어지고, 건강상으로도 문제가 없어지고 영원히 행복할 것이라고 생각합니다. 그러나 절대로 그렇지 않습니다. 그래서 가장 화목할 수 있는 비결은 '만족'입니다. 그래서 사람들이 행복하고 만족할 때 이 세상에 화목이 생깁니다.

 그래서 제가 지금 가진 것에 감사할 줄 아는 마음, 만족감이 제일 중요한 것입니다. 그러면 마음의 평화가 찾아옵니다.

'이것은 싫어' '무엇인가 다른 것을 원해' 이렇게 원하는 마음이 없을 때 우리에게 진정한 행복이 찾아옵니다.

 여러분의 아내는, 남편은 세상에서 가장 잘생긴 사람이 아닐 수도 있습니다. 그러나 그 정도이면 충분합니다. 여러분의 남편이 세상에서 제일 매력적인 남자가 아닐 수도 있지만, 그 정도면 대단합니다. 우리는 만족할 때 다른 사람의 잘못을 보지 않습니다. 잡초에 물을 주지 마십시오. 꽃에만 물을 주십시오.

○ 스물네 번째 인생 사진

의사는
치료하는 직업이
아니다

한 여성이 주말마다 아이의 손을 잡고 제가 머물던 절에 왔습니다. 남자아이는 어릴 적부터 공부를 잘해서 대학을 졸업하고 의사가 되었습니다. 서로 잘 알고 지냈기 때문에, 어느 날 그의 얼굴이 슬픔으로 가득 찬 것을 보고 저는 깜짝 놀랐습니다.

그는 자신이 돌보던 환자가 죽었다고 말했습니다. 그 환자는 젊은 여성이었는데 그녀의 남편과 아이들에게 사망 소식을 전하는 것은 말할 수 없는 고통이었다고 했습니다. 그는 자신이 실패했다는 절망감으로 인해 더 이상 의사 일을 하고 싶지 않다고까지 말했습니다.

저는 그에게 이렇게 말했습니다.

"지금 의사로서 네 본업이 사람을 치료하는 것이라고 생각하느냐?"

그는 무거운 목소리로 대답했습니다.

"네, 스님."

저는 다시 얼굴을 보며 말했습니다.

"애야, 그렇지 않단다. 그것이 만일 네 본업이라면 이미 너는 여러 번 실패를 경험한 거란다. 네가 진짜 할 일은 환자를 돌보는 일이란다. 만일 네가 돌보던 환자들이 결국 병을 이기지 못하고 죽거나, 치료가 끝난 뒤에도 병이나 부상을 갖게 되더라도, 네가 정성껏 환자들을 돌봤다면, 너는 언제나 성공한 의사라는 것을 명심하거라."

제 말을 듣고 있던 그는 다시 병원으로 돌아갔습니다. 그 후로도 많은 환자들이 그의 돌봄을 받다가 죽음을 맞았습니다. 하지만 그는 환자들에게 '내가 죽는 날까지 좋은 의사 선생님한테 치료를 받고 도움을 받았구나!' 하는 생각이 들게끔 행동하려고 노력했답니다.

환자들이 죽음의 순간, 자신들이 의사로부터 정성스런 치료와 사랑을 받았다고 생각한다면, 그 상태에서 죽음을 맞게 된다면 그 의사는 성공한 것입니다.

하지만 요즘 병원에선 안 그렇습니다. 환자가 죽음에 가까웠는데도 환자를 어떻게 해서든지 살려내려고만 합니다. 그래서 온갖 것들을 다 몸에 꽂아서 치료하고 있습니다. 저는 그것이 너무나 공격적인 방식이라고 생각합니다. 그래서 환자들이 죽음의 순간에 평화롭게 지내지 못하는 것이 너무나 안타깝습니다.

여러분도 제 뜻을 이해했으리라 생각합니다. 의사들이 만일 사람을 치료하려고만 하지 않고 정성껏 돌보려고 한다면, 그 결과 더 많은 환자들이 병으로부터 치유될 것이라고 생각합니다. 사실 사람들을 치료하는 것은 주사나 약이 아니라고 생각합니다.

이것을 똑같이 여러분 마음에 해보십시오. '쓸데없는 생각으로부터 내 마음을 치료하겠어. 마음의 모든 문제들을 다 없애고 치료하겠어'라는 생각을 갖지 마십시오. 그저 여러분의 마음을 정성껏 돌보기만 하십시오.

또한 '남편을 치료해야지' '아내를 치료해야지' '내 아이들을 치료해야지' 이렇게 생각하지 말고 그들을 그저 돌봐주십시오. 여러분이 이것을 이해한다면, 여러분은 지금 성공의 비결을 갖게 된 것입니다.

한국에 와보니 담배를 피우는 사람들이 많이 보입니다. 호주에서는 흡연자 숫자가 해마다 줄어드는 추세입니다. 흡연은 피우는 사람의 건강을 해치는 가장 나쁜 행동이라는 것은 대부분 알고 있습니다. 그렇다면 이 담배를 어떻게 해야 끊을 수 있겠습니까? '흡연'이라는 이 '습관'을 치료하려고 하지 마십시오. 그냥 여러분을 돌보십시오. 그렇게 하면 저절로 담배를 끊게 될 것입니다.

지금 이 자리에는 정신과 의사도 있을 것이고, 심리학을 공부하는 사람도 있을 겁니다. 사실 이것은 굉장히 강력한 심리학입니다. 저한테 이 강의를 듣고 가서, 이것을 바탕으로 박사 논문도 쓰고, 유명한 학술지에 논문도 발표하고 있습니다. 그런데 그 논문에 제 이름을 올려준 사람은 한 명도 없더군요. 제가 또 농담을 했습니다. 이것이 많은 사람들을 도울 수 있고, 또 사람들을 좀 더 건강하고 행복하게 만들고, 평화와 지혜가 생길 수 있게 도와준다면, 얼마든지 가져다 쓰십시오.

저는 사람들이 불교의 가르침에 대해 가지고 있는 믿음과 확신을 조금 더 강하게 만들고 싶기도 합니다. 불교의 지혜를 가능한 한 많은 사람들과 나누고 싶습니다. 사실 지금까지 세계 역사를 보면, 수많은 종교가 너무나 많은 폭력, 전쟁, 고통을 야기했습니다. 불교처럼 평화롭고 부드러운 종교는 없습니다. 지금이 어느 때보다도 우리에게 불교가 필요한 시점이 아닌가 합니다.

저는 호주뿐만 아니라, 세계 여러 나라의 많은 정치인들과 가깝게 지내고 있습니다. 제가 아는 정치인들 중 정부 수상들도 있습니다. 그런데 이 사람들도 저와 둘만 있는 자리에선 이런 이야기를 합니다.

"제가 권력의 자리에 올랐는데, 저로 인해서 세계가 좀 더 화합하고, 평화롭고, 관용이 넘치는 그러한 세상으로 만들고 싶습니다. 스님, 그런데 무엇을 더 어떻게 해야 할지 모르겠습니다."

그들은 저한테 물어봅니다.

"기독교 쪽에도 물어보았고, 여러 가지 정치사상도 다 검토해보았는데, 불교계의 지도자로서 스님이 아이디어 좀 내주실 수 없을까요? 인종이나 종교나 국적에 상관없이 평화와 사랑과 관용이 넘치는 세계를 어떻게 하면 만들 수 있겠습니까?"

그렇기 때문에 저는 불교의 본질을 가르치려고 노력합니다. 명상, 친절, 덕행, 관용, 그리고 이런 것들이 우리 삶에 왜, 어떻게 잘 작동을 하는지를 가르치려고 합니다. 그래서 불교가 얼마나 재미있고, 얼마나 행복한 종교인지를 알리려고 노력합니다.

○ 스물다섯 번째 인생 사진

과거와 미래라는 두 개의 쇼핑백

소유물이 얼마 되지 않는 저는 세계 여러 나라로 명상 강의를 하러 갈 때도 달랑 바랑 하나 메고 다닙니다. 어깨에 메는 작은 바랑 하나가 전부입니다. 공항으로 마중 나온 주최 측에선 종종 저한테 여행 가방은 어디 있냐고 묻습니다. 저는 끌고 다니는 여행 가방이 아예 없습니다. 호주에서 한국까지 날아오는 철새들을 보십시오. 여행 가방을 들고 오는 철새는 없습니다. 한국 새들은 여행 가방을 들고 배낭을 메고 옵니까? 저 같은 불교 수행자들은 그런 소유물을 내려놓고 새처럼 되는 것을 배우고 있습니다.

명상을 통해서 하늘로 비상해 훨훨 날고 싶다면 절대로 여행 가방을 지니고 다니지 마십시오. 제가 여행 가방이라고 표현했지만, 이것은 과거에 관한 모든 기억을 말합니다. 과거에 누군가 여러분에게 했던 나쁜 행동들, 고통뿐만 아니라 행복한 기억들도 모두 내려놓고, 제 명상 강의를 들으러 오십시오. 미래도 마찬가지입니다. 미래는 우리가 알 수 없는 그 어떤 것입니다. 짐으로부터 자유로워져 마음의 아름다운 정점으로 날아오릅니다. 버림의 에너지를 일으킬 수 있도록 노력해보십시오.

옛날에 사냥을 좋아하는 왕이 하루는 숲에서 활을 쏘다가 손가락을 베었습니다. 왕은 사냥을 같이 나온 주치의를 불러 손가락을 보였습니다. 그 의사가 손가락에 붕대만 감아주자 왕은 의사에게 물었습니다.

"여보게, 내 손가락이 괜찮겠는가?"

의사는 대답했습니다.

"저 또한 손가락이 좋아질지 나빠질지 어떻게 알겠습니까?"

사실 그 의사도 미래의 일을 알지 못했기 때문입니다.

그 후 왕궁으로 돌아온 왕은 손가락이 감염되어서 주치의를 다시 불렀습니다. 의사가 상처를 소독하고 붕대를 감고 있는 것을 바라보던, 왕이 물었습니다.

"여보게, 내 손가락이 괜찮을까?"

주치의는 똑같은 대답을 했습니다.

"저 또한 좋아질지 나빠질지 어떻게 알겠습니까?"

왕은 불만족스러운 주치의의 대답에 화가 났지만, 그냥 그를 물러나게 했습니다. 그런데 사흘 뒤 손가락의 감염이 악화되어 그만 손가락을 절단하게 되었습니다. 너무나 화가 난 왕은 그 주치의를 감옥에 가두며 말했습니다.

"이 돌팔이 의사 놈 때문에 내 손가락을 잃게 되었구나. 감옥에 갇히니 기분이 어떠한가?"

주치의는 왕을 보고 똑같이 말했습니다.

"감옥에 있는 거요? 좋을지 나쁠지 누가 알겠습니까?"

왕은 손가락의 상처가 차츰 아물자 또다시 사냥을 떠났습니다. 그런데 왕은 산짐승을 쫓는 데 열중한 나머지 일행과 멀어지게 되었고, 정글에서 길을 잃고 헤매다가 원주민들에게 붙잡혔습니다. 그 원주민들은 보름달이 뜨는 날 인신 공양을 하는 특별한 의식을 거행하는 전통이 있었는데, 그날이 그랬습니다. 붙잡힌 왕보다 더 훌륭한 공양은 없었습니다. 그 원주민들은 왕을 나무에 묶고 북을 치기 시작했습니다. 그런데 왕의 목을 베려는 순간 무리 중 한 명이 소리쳤습니다.

"앗! 저 사람은 손가락이 아홉 개 밖에 없습니다. 인신 공양으로 해선 안 됩니다."

그 원주민들은 신에게 완전하지 않은 상태로 공양할 수 없었기 때문에 왕은 목숨을 구할 수 있었습니다. 여러분이 공양을 올릴 때 좋은 것을 골라서 올리는 것과 똑같습니다. 궁으로 돌아온 왕은 손가락 하나가 자신의 목숨을 살린 것을 깨닫고 의사를 풀어주었습니다. 지하 감옥으로 찾아간 왕은 주치의에게 말했습니다.

"네가 돌팔이인 줄 알았는데, 지혜로웠구나. 네 덕분에 내가 목숨을 구했다."

그 왕은 의사에게 절을 올리고 감옥에 가둔 것을 사과했습니다.

　여러분이 왜 미래에 대해서 걱정하지 않아도 되는지 아셨습니까? 미래에 좋을지, 나쁠지 누가 알겠습니까. 저는 열아홉 살 때 첫사랑에 빠졌습니다. 너무나 아름다운 영국 소녀였는데 육 개월 정도 사귀다가 그녀가 저한테 이별을 선언했었습니다. 그때 저는 슬펐고 최악이었습니다. 그렇지만 지금은 다행이라고 생각합니다. 만일 그때 그녀에게 차이지 않았다면 수행승이 되지 않았을 테니까 말입니다. 그러니까 이제 인생에서 무슨 일이 일어나든지, 이것 하나만 기억하십시오.
　'좋을지, 나쁠지 누가 알겠어?'

　여러분도 모두 쇼핑백이나 여행 가방을 들어본 경험이 있을 것입니다. 지금 저를 따라서 해보십시오. 앉아 있는 그대로 눈을 감고 움직이지 마십시오. 그러면 그것이 어떻게 느껴지는지 상상해보십시오. 팔은 통증을 느끼고 어깨가 아플 것입니다. 여러분은 무거운 짐을 오랫동안 들고 나르느라 팔이 아프고 어깨가 쑤실 것입니다. 왼손에 나르고 있는 그 상상 속의 가방 표면에서 네 글자를 볼 수 있습니다. 'PAST.' 왜냐하면 그 쇼핑백은 여러분의 모든 과거를 담고 있기 때문입니다. 한 시간 전이나, 오늘 일어난 것이 아닙니다. 여러분이 사

는 동안 경험한 모든 좋고 나쁜 기억들입니다. 그것을 너무 오랫동안 나르고 다닌 과거입니다. 진짜 쇼핑백처럼 그것이 여러분의 팔을 아프게 합니다. 그렇게 과거를 끌고 다니는 것은 여러분의 심장과 마음을 아프게 합니다.

과거를 버린다는 것은 여러분의 일, 가족, 의무, 그동안 겪었던 좋고 나쁜 기억들을 생각하지 않는 것입니다. 여러분이 어디에서 태어났는지, 부모가 누구인지, 어디에 사는지 그런 것들을 생각하지 않는 것입니다. 과거를 기웃거리지 말고, 놓아버리면 현재 속에서 자유로워집니다.

그러면 상상 속에서 다시 오른손에 있는 쇼핑백이나 여행 가방을 쳐다보십시오. 그것 또한 어마어마하게 무겁습니다. 그것을 오랫동안 지니고 다닌 것 또한 몸을 아프게 합니다. 여러분은 그 쇼핑백 표면에 있는 글자를 바라봅니다. 'FUTURE.' 이것은 여러분의 희망, 꿈, 예상, 두려움, 계획, 염려, 기대들입니다.

이 미래라고 불리는 모든 것들이 그 쇼핑백 속에 담겨 있습니다. 여러분이 너무도 오랫동안 가지고 다닌 것들입니다. 그것들이 얼마나 무거운지 상상해보십시오.

여러분이 통증을 느끼게 되면 과거를 나타내는 왼손의 쇼핑백에 집중하십시오. 여러분이 그 쇼핑백을 바닥에 내려놓

음에 따라서, 왼쪽으로 기우는 여러분의 등을 상상하십시오. 모두 천천히 하십시오. 무거운 과거의 무게인 그 쇼핑백을 바닥에 내려놓는 것을 상상하십시오. 그것이 땅에 닿을 때 모든 무게는 사라집니다. 짐은 더 이상 없습니다. 그리고 여러분의 손가락들을 손잡이에서 뗍니다. 마음속에서 버리면 버릴수록, 더욱 가벼워지고 자유로워집니다.

이제 척추를 똑바로 펴시고 왼쪽 팔을 드십시오. 그래서 그 깃이 여러분 옆에 매달려 있도록 해보십시오. 긴장을 풀고 회복하면서 활기를 불어넣으며, 과거를 내려놓으십시오. 그리고는 여러분의 오른손에 있는 여행 가방이나 쇼핑백을 상상해보십시오. 그것은 여러분의 미래를 나타냅니다. 여러분은 그것을 바닥에 내려놓기 시작합니다. 여러분의 척추가 오른쪽으로 기울어짐에 따라 그것은 바닥에 점점 더 가까워집니다.

그 순간, 그 기적의 순간 짐은 가벼워집니다. 쇼핑백의 손잡이로부터 여러분은 손을 뗍니다. 여러분의 등을 펍니다. 이제 여러분의 오른팔은 휴식을 취하고, 회복되고, 활기를 띠게 됩니다. 여러분은 여러분의 미래를 내려놓습니다.

그 두 개의 쇼핑백-과거와 미래-를 보면서 여러분이 그 두 무거운 짐을 내려다보는 것을 상상해보십시오. 여러분은 훌륭하고 평화로운 곳에 서 있습니다. 현재의 순간이라고 불리

는, 과거와 미래 사이에. 평화로움 속에서, 긴장을 풀고, 자유롭게. 그리고 여러분은 그것이 어떤 것인지 감상합니다. 휴식을 취하고 있으며 긴장을 풀고 있습니다.

우리는 그러한 것을 누릴 그럴 자격이 있습니다. 이제 눈을 뜨고 그 쇼핑백들을 다시 드십시오. 아니, 아직 아닙니다. 그 휴식을 즐기십시오. 다시 자기 자신을 바라보십시오. 우리는 그것을 누릴 자격이 있을 뿐만이 아니라 나중에 그 쇼핑백들을 스트레스 없이 짊어져야 한다는 것을 알아야 합니다. 저는 휴식을 취할 수 있어서 그 짐들을 훨씬 더 쉽게 다룰 수 있었습니다.

우리는 지금 아름다운 현재의 순간에 존재하고 있습니다. 과거도 아니고 미래도 아닙니다. 마치 어린아이가 매순간 깨어 있듯이, 과거도 아니고 미래도 아닙니다. 이제 여러분은 눈을 뜨시면 됩니다.

○ 스물여섯 번째 인생 사진

들어가는 귀와
나가는 귀

어느 날, 몸집이 제법 큰 한 여성이 저를 찾아와 불평했습니다. 주변 사람들이 '돼지'라고 자주 불러서 듣기 싫다는 것이었습니다. 그녀는 왜 자신을 보고 '돼지'라고 하는 줄 모르겠다며, 자신이 어떻게 하면 되겠냐고 걱정했습니다.

저는 먼저 그녀에게 인간의 귀가 두 개인 이유를 설명해주었습니다. 만일 누군가가 다시 '돼지'라고 부르거든, 첫 번째 들은 그 말은 한 귀로 들어왔으니 기억하라고 했습니다. 그리고 다시 누군가가 '돼지'라고 부르거든, 다른 한쪽 귀로 내보내라고 했습니다. 우리의 귀가 두 개인 이유는 하나는 들어가고, 하나는 나가게 하는 기능을 위한 것입니다. 그러니까 그녀에게 과거에 있었던 일들은 모두 놓아버리라고 말해주었습니다.

누군가가 자신에게 욕을 하거나, 마음을 상하게 하거나, 자신에게 상처를 주는 행동은 그때 단 한 번뿐입니다. 우리는 그것을 놓아버림으로써, 그 사람이 다시 우리를 상처 입히지 못하도록 하는 것입니다. 그러면 과거는 더 이상 우리에게 짐이 아닙니다. 물론 과거에 무슨 일이 있었는지에 대해서도 생각하지 마십시오. 왜 이렇게 사람들이 과거에 대해서 걱정하는지 모르겠습니다.

2012년 12월에는 많은 사람들이 세상의 종말을 걱정하는 해프닝이 벌어졌었습니다. 한국인 여러분들도 세상의 종말을 걱정하셨습니까? 우리는 왜 종말을 걱정할까요? 저는 사람들에게, 세상이 끝장날 것 같다면 어서 좋은 곳에 기부하고 보시하라 말했습니다. 그랬더니 한 불자가 그러시더군요.

"스님, 왜 자꾸만 기부하라고 하십니까? 세상이 망하면 절이 기부를 받아도 쓸 데가 없지 않습니까?"

저는 대답했습니다.

"물론 세상이 종말한다면 절은 그 돈을 쓸 수 없지만, 불자에게는 기부함으로써 선업을 쌓을 수 있는 기회를 주는 것입니다. 세상이 망하더라도 선업은 가져갈 수 있지 않습니까?"

제가 재미난 이야기를 한 편 해드리겠습니다.

호주에 사는 악질 변호사의 이야기입니다. 돈을 많이 모은 이 변호사는 죽음이 가까워지자 아내에게 한 가지 부탁을 했습니다. 은행에 가서 가방에 돈을 가득 채우라는 내용이었습니다. 곧 죽음을 앞둔 변호사는 그 돈을 천국으로 가져가려고 생각한 것이었습니다. 변호사가 말했습니다.

"여보, 두 개의 가방에 돈을 가득 채운 뒤 내가 죽거든 침대 위에 있는 다락에 올려놔요. 내가 죽으면 그 가방을 가지고 하늘로 올라가겠소."

그래서 아내는 남편이 시키는 대로 수십만 달러로 채운 가

방을 다락에 올려놓았습니다. 며칠 뒤, 죽음이 예고되었던 남편은 사망했고, 아내는 다락으로 올라갔습니다. 거기엔 돈이 가득한 가방 두 개가 그대로 있었습니다. 그것을 본 아내는 혼자 이렇게 말했습니다.

"내 남편은 변호사였지만 참 멍청했구나. 내 말을 들었어야지. 그 돈 가방은 지하실에 넣어놓아야 했어. 왜냐하면 나는 내 남편이 어디로 갈지를 알고 있었거든."

여러분, 누구도 돈을 가지고 죽음 저편으로 갈 수는 없습니다. 그런데도 계속 미래에 대해서 걱정된다면, 그 미래가 어디서 만들어지는가를 한번 생각해보십시오. 지금 바로 이 순간에 여러분의 미래가 만들어지고 있습니다. 우리가 미래에 대해서 무언가를 하겠다 싶으면, 바로 지금만이 유일하게 그것들을 할 수 있는 순간입니다.

그래서 미래가 만들어지는 그 순간에, 거기에 집중한다면, 훨씬 더 평화롭고 행복한 미래를 만들 수 있는 것입니다. 그러니까 앞으로 오 분 후에 무엇을 할지 걱정하지 마십시오. 그 대신에 지금 내가 뭘 하고 있는가에 집중하십시오.

지금 이 순간에 마음을 갖다놓는다면, 명상을 시작할 수 있습니다. 사람들은 종종 저한테 미래에 대한 계획을 세워야 하는 것 아니냐고 묻습니다. 저는 한국 사람들이 늘 계획 세우는 것을 좋아한다고 들었습니다. 제 이야기를 하자면, 저는 계획을 세우지 않으면 하려던 일들이 틀어졌습니다. 하지만 아무리 치밀하게 계획을 세워도 일이 틀어지기는 마찬가지였습니다. 여러분도 그렇지 않습니까? 이렇게 저렇게 한다 해도 계획한 대로 되지 않는다면, 그 시간들을 지금 이 순간에 사용하는 게 더 낫다는 생각이 듭니다. 그러니까 미래에 대해서 걱정하지 마십시오.

"움직이는 순은 나무에 달린 나뭇잎입니다. 이것이 움직이는 이유는 바람 때문입니다. 그런데 바람이 적어지면 움직임도 적어지고, 바람이 완전히 없어지게 되면 나뭇잎의 자연스러운 상태, 완벽하게 가만히 있는 상태가 됩니다."

저의 스승인 아잔 차 스님께서 하신 말씀입니다. 마음의 본성 자체가 이렇게 완벽하게 고요하게 있는 것입니다. 그런데 이 마음이 움직이는 이유는 욕망의 바람, 원하는 바람 때문입니다. 우리가 명상을 하는 이유는 무언가를 성취하기 위해서가 아니라, 버리기 위해서 하는 것입니다. 그래서 만일 여러분이 오늘 깨달음을 성취하려고 왔다면 잘못 온 것입니다.

그런데 이 모든 원하는 마음을 내려놓기 위해 왔다면, 제대로 온 것입니다. 이 원함을 멈출 때 마음이 완전히 고요하게 될 수 있습니다. 그리고 마음이 완전히 고요해지면, 마음의

대상과 관념이 사라지기 시작합니다. 그리고 여러분이 원하지 않을 때 마음에 경이로운 상태가 찾아옵니다. 그래서 어떻게 보면 우리가 아무것도 하지 않기 위해서 여러 가지 방법들을 동원합니다.

명상에서는 어디를 가야지, 무언가를 해야지가 아니라, 자기 자신 그대로의 존재를 좀 더 확실히, 온전하게 느끼는 것이 목적입니다. 그래서 첫째로 놓아야 하는 것이 시간입니다. 지금이 몇 시입니까? 지금 시계를 보니 일곱 시 이십오 분입니다. 하지만 저에게는 지금이 오늘 아침이나, 지난해나, 지난해 이맘때나 똑같이 느껴집니다. 우리가 생각하는 시간이라는 것은 환상입니다. 그래서 우리가 과거에 대해서 생각하고 있는 모든 인식은 믿을 수 없는 것들입니다. 그러니까 지금 방금 무슨 일이 있었는지에 대해서 기억하고 생각하지 마십시오.

우리가 가질 수 있는 유일한 시간은 '지금'뿐입니다.

○ 스물일곱 번째 인생 사진

에너지
일으키기

출가한 지 여섯 해가 되던 무렵, 저는 태국 북부 숲속의 버려진 절에서 혼자 지냈습니다. 아무도 없이 저 혼자였기 때문에, 아침부터 밤까지 하루 종일 명상할 수 있었습니다. 첫 번째 일주일은 너무나 좋았습니다. 두 번째 주가 되니까 제가 자주 안절부절 못하고 있었습니다. 세 번째 주에 들어서자 저는 미쳐버릴 것만 같았습니다.

모든 생각들이 저한테로만 달려들었습니다. 그것은 좋은 생각도 아니었습니다. 예전에 헤어진 여자 친구 생각이 들었습니다. 사랑했던 시간들도, 성관계도 생각났습니다. 그런데 저는 수행자이지 않습니까? 저는 그런 생각들을 원하지 않았습니다. 그래서 이 생각들을 다 밀어내고 호흡만 보려고 노력했습니다. 그런데 그러면 그럴수록 더 열심히 생각들이 비집고 들어왔습니다. 그런 투쟁은 너무나 힘들어서 나중에는 지치기까지 했습니다.

그런데 주변에 아무도 없으니까 충고를 받을 수조차 없었습니다. 저는 법당에 들어가 세 번 절한 뒤 진심으로 말했습니다. 그때 마침 좋은 생각이 떠올랐습니다. 제 마음과 협상을 한 것입니다.

"마음아! 내가 너한테 하루에 한 시간 로맨스, 성관계, 여자 생각을 하도록 해줄게. 하지만 나머지 시간 동안 너는 정직해야 해."

 저는 오후 세 시에서부터 네 시까지를 나쁜 생각을 하는 시간으로 정했습니다. 그리고 나머지 시간 동안 잘하리라 마음먹었습니다. 아주 현명한 생각 아닙니까? 세 시부터 네 시까지는 마음에게 무엇을 해도 좋다고 한 뒤, 나머지 시간은 수행자답게 행동하겠다는 생각 말입니다. 그런데 그 후에 실제로 일어나는 일은 정말 놀라웠습니다. 나쁜 생각들이 수시로 제 머리를 비집고 들어오는 것을 막을 도리가 여전히 없었습니다.

 들숨, 날숨, 이것들을 지켜보고 있다가 순간 한 생각이 비집고 들어오면 떠나지를 않는 것이었습니다. 오후 세 시가 되자 저는 너무 지쳐서 다리를 쭉 뻗고 말았습니다.

 '자, 마음아! 이제부터 네가 마음대로 생각하고 싶은 대로 말해봐.'

 그런데 세 시부터 네 시까지 한 시간 동안 제 마음은 모든 호흡 하나하나를 하나도 놓치지 않았습니다. 너무나 평화로웠습니다.

 그때 깨달은 것은, 제가 그 생각들을 밀어내기 위해서 제 마음을 통제하고 지배했다는 사실이었습니다. 그래서 그것들이 자꾸 비집고 들어왔다는 것을 깨달았습니다. 그런데 제가

놓아버리고, '그런 생각들이 얼마든지 와도 좋아, 마음대로 해!'라고 생각하자 다시 편안해졌습니다.

바로 그때 깨달았습니다. 컵 속에 든 물을 고요하게 하려고 아무리 노력해봤자 소용없다는 사실이었습니다. 그냥 가만히 내려놓아야 합니다. "마음대로 해!" 그냥 그렇게 내려놓으니 잘 되었습니다.

여러분은 좋은 장소에 가고 싶지 않습니까? 하지만 그 마음 자체는 들뜸입니다. 무엇을 체험하든 '이 정도면 나에게 충분하다'고 생각하십시오. 그러면 모두 다 멈춥니다. 생각을 밀어내는 자체가 없어집니다. 다른 곳에 가고 싶다는 마음을 만들지 마십시오. 그것은 감옥을 만듭니다. 지금 상태가 어떻든 여기 있고 싶어 하면 됩니다.

명상을 할 때 오후가 되면 가끔 어떤 사람들은 아주 깊은 잠에 들어 있습니다. 재미있는 것은 잠이 든 사람은 자기가 잠에 들었다는 걸 모른다는 사실입니다. 어떤 사람들은 자신이 선잠에 들었다고 생각하는데 절대로 아닙니다. 그렇다면 이런 나태를 어떻게 극복할 수 있겠습니까?

제가 처음 태국에서 수행을 하던 이삼 년간은 나태감(게으름)이 정말 싫었습니다. 그래서 저는 정진하기 위해 나태를 떼버리려고 노력했습니다. 그러나 아무리 이겨보려고 해도 계속 실패했습니다. 드디어 나태를 극복했다 싶으면 들뜸이 오고 생각이 많아졌습니다. 그러다 잠이 들어버렸습니다. 이것은 저울추가 왔다 갔다 하는 것과 같았습니다. 한 끝에는 나태가, 한 끝에는 들뜸이 있는 것입니다. 이 가운데를 발견해야 하는데 그것이 어려웠습니다. 물론 지금은 아무런 문제가 없습니다. 왜냐하면 인간의 마음이 어떻게 움직이는지 이해를 했기 때문입니다.

제가 출가한 지 얼마되지 않아 태국에서 지낼 때 졸음이 왔던 데는 이유가 있었습니다. 날마다 네 시간밖에 잠을 자지 못했던 것입니다. 그리고 런던의 차가운 기운에 익숙해져 있던 제가 태국의 더운 기후에 있었던 것도 이유였습니다. 게다가 음식은 너무나 역겨웠습니다. 어느 날은 개고기 수프를 만드는 것을 보았습니다. 쌀죽 위에 개고기를 얹어 여러 명의 스님들에게 나눠주는 것이었습니다. 개고기 하나 달랑 얹은 것 말고는 아무것도 없었습니다. 소고기도 없고, 마늘도 없고, 야채도 들어가지 않습니다. 그런데 다른 수행승들은 숟가락에 수프를 떠서 입속에 넣고 계속 오물오물 씹는 거였습니다.

저는 이것이 정말 징그럽고 싫었습니다. 익숙하지 않은 열대 기후에서 잠도 제대로 자지 못하고 먹지도 못하니까 저는

영양실조에 걸렸습니다. 이런 상태에선 붓다께서 오셨더라도 계속 졸았을 것입니다. 제가 졸린 이유는, 충분히 쉬지 못했고 기후도 맞지 않았고 음식도 섭취하지 못했기 때문이었습니다. 하지만 신체적으로 피곤하더라도 졸음을 극복할 방법은 있었습니다.

인간의 마음은 항상 무엇인가를 합니다. 계획하고, 생각하고, 결정하고, 항상 무언가를 합니다. 이 활동들이 우리의 정신적 에너지를 빼앗아갑니다. 이것은 활동적인 마음입니다.

반대로 수동적인 마음은 알기만 하고 아무런 행동도 하지 않는 마음입니다. 수동적인 마음은 활동적인 마음이 쓰고 남은 에너지를 받습니다. 우리가 졸리는 이유는 활동적인 마음이 충분한 에너지를 갖지 못했기 때문입니다. 이것은 닳아버린 약한 건전지를 들고 있는 것과 같습니다. 이렇게 닳은 마음에게 어떻게 에너지를 불어넣을 수 있겠습니까?

활동적인 마음을 위해 에너지를 다 놓아주는 겁니다. 아무것도 하지 말고 고요하게 그냥 놓아버리는 겁니다. 그렇게 하면 활동적인 마음에 있던 에너지가 그렇지 않은 마음에 모두 들어가서 마음이 굉장히 강해집니다. 그래서 저는 명상하다 졸리면 그냥 내버려둡니다.

제 마음은 너무 평화롭게 있습니다. 졸림과 싸우는 건 활동하는 것입니다. 그러면 졸림이 더욱 길어집니다. 졸림과 평화로운 상태에 있을 때, 마음이 점점 알아차리고 강해져서 조금만 있으면 잠에서 깨어나게 됩니다. 이렇게 평화로운 관계를 유지하고 내버려둘 때, 고요하게 '알아차림'이 커진 마음이 중심으로 돌아올 수 있습니다. 그런데 그것을 깨우고 활동적인 마음을 가지면 오히려 들뜬 상태로, 반대쪽으로 가게 됩니다. 제가 굉장히 피곤하고 지쳤을 때 저는 이런 마음을 가지러고 했었습니다.

때로는 제가 하루 종일 말하고, 방문하고, 가르쳐야 할 때가 있습니다. 어떤 날은 질문을 받을 시간쯤 되면 너무 지치기도 합니다. 그때 저는 눈을 감고 최대한 고요하게 있습니다.

저는 피로함으로 인해 어깨를 늘어뜨린다거나 고개를 숙이긴 하지만 그것들과 싸우지는 않습니다. 모든 것을 고요하게 놓아두고, 오 분 정도 시간이 지나면 제 머리가 맑게 돌아옵니다. 십 분만 지나면 다시 강해집니다. 십오 분만 지나면 이제 다시 시작할 준비가 되어 있습니다. 에너지 음료를 마시는 것보다 이 쉬는 명상이 훨씬 낫습니다.

이렇게 싸우지 않는 것과 자연스럽게 놓는 것이 바로 나태를 극복하는 방법입니다. 혹시 여러분 가운데 가벼운 우울증으로 고통받는 사람이 있다면 이 방법으로도 극복할 수 있습

니다. 우울증과 싸우기 시작하면 에너지를 쓸 수밖에 없기 때문입니다. 우울증을 미워하지 말고, 우울증과 평화롭게 있으십시오. 조금만 시간이 지나면 에너지가 많이 돌아오게 됩니다. 에너지가 돌아오면 음식도 맛있습니다. 그러면 다시 기운을 차리게 될 것입니다.

○ 스물여덟 번째 인생 사진

화가 난 사장에게 계약을 따내는 비결

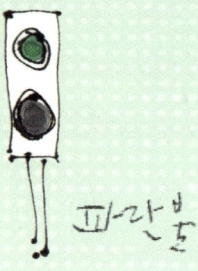
파란불

파란 눈의 수행자인 제가 오랫동안 서양의 여러 나라를 다니며 불교와 명상에 대해 강의하다 보니 그곳 불자들도 늘어나고 있습니다. 자기 자신의 삶과 더불어 행복의 근원을 찾는 철학적인 문제에 대해 서양인들도 이해하려고 노력하는 것입니다. 그런데 동양인에 비해 서양인들은 파티를 자주 열어서 술 마시고 노는 걸 좋아합니다. 때문에 이들에게 술은 마시지 않는 게 좋다, 불자는 알코올을 입에 대지 말아야 한다고 설득하는 게 쉽지 않습니다. 그래서 저는 전략을 바꿔서 술을 마시고 난 후의 위험성에 대해 말해줍니다.

 한 남자가 파티에서 술을 마시고 만취한 상태로 차를 운전하며 집으로 가고 있었습니다. 그런데 마침 경찰의 음주 단속에 걸렸습니다. 경찰은 그에게 차에서 나와 음주측정기에 숨을 불어넣으라고 명령했습니다. 그는 도리 없이 차에서 내렸습니다. 그런데 그때 경찰관에게 교통사고가 발생했으니 그쪽으로 서둘러 이동하라는 연락이 왔습니다. 경찰관은 남자의 음주 테스트도 마치지 못한 채 사고 현장으로 떠나야 했습니다. 도로의 원활한 소통을 고려해서 자동차 충돌 현장으로 가는 것이 더 중요하다고 판단했기 때문이었습니다. 경찰관은 그 남자에게 운전 조심해서 집으로 가라고 충고했습니다. 그 남자는 음주 운전으로 면허가 취소될 뻔했는데 경찰 단속을 피하게 돼서 자신이 행운아라고 생각했습니다.

다음 날 아침, 그의 집 앞에서 누군가 초인종을 눌렀습니다. 그가 문을 열어보니까 경찰관이 두 명이 서 있었습니다.

남자는 경찰관에게 물었습니다.

"아침부터 무슨 일이십니까?"

경찰관은 굳은 표정으로 대답했습니다.

"차고 안을 보여주십시오."

남자는 말했습니다.

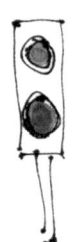

"차고 안에는 제 차밖에 아무것도 없습니다. 제가 술 취한 채 운전을 한 것도 아닌데 왜 그러십니까."

남자는 주장했지만, 결국 경찰관의 요구에 따라 차고 문을 열었습니다. 그 순간, 남자는 심장마비에 걸릴 뻔했습니다. 차고 안에 주차되어 있는 차가 그 남자의 자동차가 아니라 경찰차였던 것입니다.

그 남자는 술에 얼마나 취했었는지, 경찰 출동차를 자신의 자동차로 착각하고 집까지 운전해온 것이었습니다. 자신의 자동차는 도로에다 세워두고 말입니다. 바로 이것이 음주 운전의 위험성입니다. 자기 자신이 무엇을 하고 있는지 전혀 모르는 것입니다.

저는 불자들에게 계율을 잘 지키는 방법과, 그것이 어떤 효과를 발휘하는지 가르치는 게 중요하다고 생각합니다. 제가 이야기를 두 편 해드리겠습니다.

줄리는 패션 사업을 하는 여성입니다. 그녀는 런던에 본사가 있는 큰 의류 회사와 협상 중에 있었습니다. 만일 이 계약이 성사된다면, 줄리의 회사가 한 단계 도약하는 계기가 될 정도로 중요한 것이었습니다.

"그럼 서로 계약을 합시다. 런던으로 오십시오."

런던의 본사로부터 이메일을 받은 줄리는 사업을 위해 런던으로 갔습니다. 그녀에겐 세 살배기 홀리라는 딸아이가 있었는데, 사업을 위해 아이를 잠시 떼어놓고서 말입니다. 줄리는 가장 빠른 비행기표를 구해서 런던으로 스무 시간을 넘게 갔습니다. 그리고 런던에 도착한 줄리는 호텔에서 쉬지도 않고, 정장으로 옷을 갈아입은 뒤 계약서에 서명하기 위해 그 패션 회사로 서둘러 갔습니다.

그런데 줄리가 회의실에 들어서자 사장은 없고, 이사와 임원들만 있었습니다. 그 임원 중 한 명이 줄리를 바라보고 말했습니다.

"지금 사장님이 화가 나서 절대 계약서에 서명하지 않을 것 같으니 다음 비행기 편으로 돌아가는 게 좋겠습니다."

하지만 불자였던 줄리는 한쪽 구석에 가부좌를 틀고 앉아서 명상하기 시작했습니다. 가부좌를 튼 줄리는 고요한 상태에서 그 패션 회사 사장을 기다렸습니다.

그때 사장님이 문을 열고 들어오더니, 줄리를 보고 고함을 질렀습니다.

"이 여자 누구야! 뭐 하고 있는 거야! 당장 끌어내!"

줄리는 눈을 뜬 뒤, 고요히 사장에게 다가갔는데 그는 거의 악마 같은 얼굴을 하고 있었습니다. 불교 사원에 있는 야차 그림 같이 눈이 빨갛고 귀에선 김이 나올 정도였답니다. 그런

데 줄리는 사장에 대해서 두려움이 없었습니다. 때문에 사장을 보자마자 이렇게 말했습니다.

"호주 시드니에는 홀리라는 제 딸이 있습니다. 사장님은 제 딸처럼 아름다운 파란 눈을 가지고 있으시네요."

사장은 줄리의 행동에 무슨 말을 해야 할지 몰랐습니다. 일 분 동안 사장은 가만히 있었습니다. 그리고는 사장은 말했습니다.

"정말 제가 그런 아름다운 파란 눈을 가지고 있습니까?"

그리고 오 분이 지난 뒤, 그 계약서에 서명했다고 합니다.

이게 바로 계약을 체결할 수 있는 방법이었습니다. 사장과 계약을 체결한 뒤, 줄리는 호텔에 가서 쉬고 싶었습니다. 그런데 임원들은 줄리를 막아서고는 말했습니다.

"그냥은 못 갑니다. 어떻게 우리 사장과 계약을 성사했는지 가르쳐주어야 갈 수 있습니다!"

또 다른 이야기입니다. 얼마 전 시드니에서 사업을 하는 친구를 오랜만에 만났습니다. 그는 자신이 불자여서 사업이 더 잘되는 것 같다며 중요한 계약을 체결한 이야기를 해주었습니다. 당시 그는 대만에 본점을 두고 있는 회사와 협상 중이었고, 대만의 대표들은 계약을 체결하기 위해 비행기를 타고 시드니로 왔다고 합니다. 대만 대표들은 제 친구에게 이렇게 말했답니다.

"오늘 밤 계약을 체결합시다. 그러니 당신은 오늘 밤 우리들에게 멋진 술집에 데리고 가서 술도 사주고 여자도 사주어야 합니다."

대만에서 온 일행들은 즐거운 시간을 보내고 싶었던 것입니다. 그런데 불자인 제 친구는 말했습니다.

"아니요. 저는 그렇게 못합니다. 저는 불자이기 때문에 술을 마시지 않습니다. 그렇기 때문에 저는 술을 사드릴 수 없습니다. 그리고 저한텐 아내가 있습니다. 아내에게 성실하고 싶습니다. 그래서 당신들에게 콜걸을 사줄 수 없습니다."

그 말을 듣고 대만에서 온 대표들은 불쾌했습니다.

"그렇다면 계약을 체결할 수 없습니다."

제 친구 회사는 수백만 달러를 잃어버릴 위기에 처한 것이었습니다. 그렇지만 그는 불교의 계율을 어기고 싶지는 않았습니다. 그는 아주 실망해서 집으로 돌아갔습니다. 다음 날 어떻게 된 줄 아십니까? 여러분도 덕행을 하고 계율을 잘 지키면 언제나 일이 잘 풀린다는 것을 기억하십시오.

그날 밤 늦게 친구에게 대만 측에서 전화가 걸려왔더랍니다. 자신들끼리 의논했는데 친구와 계약을 체결하기로 했다는 좋은 소식이었습니다. 대만 대표들은 그가 아내를 배신하지 않았다면, 자신들도 배신하지 않을 거라고 생각했기 때문이었습니다. 대만 측 대표는 이렇게 말했답니다.

"지금 밤이 깊어서 다른 곳에서 만날 수는 없고 당신 집으로 갈 테니 거기서 계약서를 씁시다."

제 친구는 불교의 계율도 지킬 수 있었고, 사업 계약도 할 수 있었습니다. 대만 측 사람들은 호주에 자신들이 믿을 수 있는 사업 동반자가 있다는 사실을 알고 기뻐했다고 합니다.

오늘 법당을 둘러보니까 대부분 여성분들입니다. 여러분의 남편들은 회사에 나가서 일을 하고 있지요. 그러면 오늘 이 자리에서 들은 이야기를 집에 돌아가셔서 남편에게 꼭 해주십시오. 정직성 때문에 비즈니스를 포기할 필요가 없습니다. 정직한 사람이 비즈니스를 잘합니다.

저는 계율을 지키는 게 얼마나 중요한지 잘 알고 있습니다. 그리고 매일매일 지킬수록 더 강한 계율을 지키게 됩니다. 날마다 부처님께 절을 올릴 때에도 저는 평화와 고요함을 생각합니다. 왜냐하면 저에게 평화는 아주 중요합니다. 제 마음의 평화도 중요하고, 친구들에게도, 이 세상에도 중요하기 때문입니다.

○ 스물아홉 번째 인생 사진

만약
지금 이대로
충분하다면

제가 믿는 것이 있다면 그것은 침묵입니다. 이것은 보다 큰 행복을 가져다주고 생각을 대하는 균형감각을 키워줍니다. 생각이 제자리를 잡도록 도와줍니다. 물론 생각 자체가 나쁜 것은 아니지만 생각이 침묵을 방해하는 것은 문제입니다. 일단 생각을 내려놓으면 침묵이 돌아옵니다. 침묵은 모든 현실의 바탕, 토대라고 할 수 있습니다. 절에 와서 조심스레 귀를 기울이면 여러분 주위에서, 또 여러분의 마음속에서 이 침묵의 소리를 들을 수 있습니다.

마음속 침묵의 소리를 듣고, 텅 빈 공간의 공空함을 만질 수 있게 되면 '아, 이것은 의미 있고 평화롭고 행복한 것이구나' 하는 생각이 들기도 전에, 진정하고 진실한 무엇인가가 있다는 것을 알게 됩니다. 그렇게 조금 지나면 여러분은 이 평화로움에 대해 잘 발달된 감식안을 가진 전문가가 됩니다. 이 평온함을 아주 귀하고 드문 보석처럼 보게 됩니다.

요즘은 침묵과 공함을 전혀 귀하게 여기지 않습니다. 사람들은 무언가 없으면 늘 무언가를 집어넣으려고 합니다. 조용해지면 늘 무언가를 말하려고 합니다. 텅 빈 공간을 보면 늘 채우려고 합니다. 이것은 갈망이고 어리석음이며 자신감 부족이고 두려움입니다. 우리는 두렵기 때문에 생각을 합니다. 우리는 두렵기 때문에 움직입니다.

여러분은 침묵과 놓아버림에 평화가 있다는 것을 각자 마음속에서 어느 정도 느꼈기 때문에 이곳에 왔을 것입니다. 여러분 모두 살면서 행복을 찾아 오랫동안 헤맸지만 계속 실망만 맛보았기 때문에 여기에 왔을 것입니다. 일단 침묵과 텅 빈 공의 세계를 향해 방향을 잡고 나면, 그것이 무엇인지 기억하고 소중히 여기게 됩니다.

이 침묵, 이 텅 빈 공함을 점점 더 많은 곳에서 느끼게 됩니다. 여러분의 방에서도 텅 빈 공의 세계를 느끼게 됩니다. 그렇기 때문에 도가 높은 수행자일수록 소유하는 물건이 점점 적어지는 것입니다. 맡은 소임이 점점 사라지면서 매일의 일상에서도 텅 빈 공의 세계를 느끼게 됩니다. 마음속에서 공의 세계를 만나게 됩니다. 그리고 생각이 줄어들어야 할 필요를 느끼게 됩니다.

몸의 움직임에서도 공함을 느끼게 됩니다. 항상 왔다 갔다 하는 것이 아니라 점점 고요히 움직이지 않고 머무는 시간이 길어집니다. 점점 더 내려놓고 점점 더 단순해집니다. 가진 것이 많을수록 할 일도 많습니다. 가야 할 곳이 많을수록 인생은 더 복잡해집니다.

여행을 많이 해본 사람이면 여행이 얼마나 복잡한 것인지, 미리 준비해야 할 일도 많고 얼마나 다른 사람들과 많이 부딪

치는지 잘 알 것입니다. 도대체 무엇을 위해 여행을 하는 것인지 의문이 들기도 합니다. 어디를 가도 저는 늘 여기에 있습니다. 도대체 여행을 하는 이유가 뭘까요? 제 개인적으로는 여행을 왜 하는지 그 이유를 잘 모르겠습니다. 어차피 저 멀리 있는 것 중 바로 여기에도 있지 않은 게 없는데, 그냥 여기 있는 것이 낫지 않나 싶습니다. 이 공함, 이 침묵, 이 텅 빈 공간은 어디에나 있습니다. 특히 우리의 두 귀 사이에 있는 침묵은 바로 우리 마음속의 공입니다. 참 이상하게도 명상 중에 잠깐이라도 이 고요한 침묵을 맛보고 나면 위협을 느껴 꼭 이 침묵에 훼방을 놓고야 마는 사람들이 있습니다. 저는 많은 사람들이 이 침묵을 견디지 못하고 절을 떠난다고 생각합니다.

이들은 이 침묵의 고요함이 두려워 행동이나 움직임으로 채우려고 합니다. 여기에는 아주 심오한 진실이 담겨 있습니다. 사실 명상을 하다가 고요해지기 시작하면 '아! 이거 감당이 안 되는데' 할 때가 종종 있습니다. 하지만 출가를 하고 시간이 흐르고 나면 이 침묵을 존경하고 소중히 여기게 됩니다. 사람들은 존경스럽고 소중한 것은 자꾸 다시 만나려고 합니다.

아잔 차 스님께서는 제게 '이대로 족해' 명상을 가르쳐주셨습니다. '이 음식으로 족합니다' '이 절로 족합니다' '이 법문으로 족합니다'. '이대로 족해'라는 자각심을 키우게 되면 갈망을 멈추게 됩니다. 지금 이대로 충분하다면 변화가 왜 필요하겠습니까? 움직일 필요가 뭐가 있겠습니까? 다른 것을 원할 이유가 있을까요? '이대로 족해'는 만족의 바탕입니다.

'이대로는 충분치 않아'라는 생각은 망상입니다. 이것이 갈망입니다. 우리는 항상 이것 아니면 저것을 하고 있거나 무언가를 더 원하느라 바빠서 결코 가만히 있는 법이 없습니다. 지금 이대로 족하다는 것을 깨닫고 이것을 백 퍼센트를 믿는다면, 정말로 지금 이대로 완벽하게 충분하다는 것을, 필요한 모든 것을 이미 모두 다 가지고 있다는 사실을 발견하게 됩니다.

그러면 무언가를 더 원하는 것을 멈추게 됩니다. 갈망을 멈추게 됩니다. 갈망을 멈추면 생각을 멈추고 움직이는 것을 멈추게 됩니다. 움직이는 것을 멈추고 지금 이 순간에 머무르면 침묵이 옵니다. 이 고요함을 더 오래 유지할수록 만족이 점점 더 자랄 수 있게 됩니다. 이 세상의 모든 부귀영화가 바로 지금 여기에 있다는 것을 깨닫게 됩니다. 우리가 원하는 모든 행복이 지금 바로 이 순간 있다는 것을 깨닫고 행복에 겨워 울음을 터뜨릴 수도 있습니다.

우리는 항상 무언가를 더 바라고 있습니다. 하지만 잠시 멈춰 비우고 가만히 머무른다면 만족하는 것이 곧 행복임을 깨닫게 됩니다. 만족하면 할수록 더욱 행복해질 수 있습니다.

행복 위에 행복, 또 그 위에 행복이 겹겹이 쌓이게 됩니다. 여러분이 이대로 해보면 너무나 행복에 겨워서 '도대체 이보다 더 행복해지는 것이 가능할까' 생각하게 될 것입니다.

우리는 모두 고통을 겪어보았습니다. 모두 갈망으로 불타는 고통을 맛보았습니다. 잡으려고 손을 뻗었다가 행복이 도망가버리는 경험도 했고, 이것이 바로 고통임을 압니다. 이 세상의 환상 속에서 길을 잃고 헤매는 고통이 무엇인지도 알고 항상 앞으로 갔다 뒤로 갔다를 계속하는 고통도 압니다. 늘 이것 저것 찾아 헤매고, 다른 사람이나 다른 사물을 통해 행복을 이루려고 했다가 그것이 얼마나 믿을 수 없는 것인지를 깨닫고 고통스러워합니다. 다른 사람이나 사물은 우리를 늘 실망시킵니다. 헛된 발판 위에 행복을 지으려고 하다가 발판이 무너지면 우리도 함께 무너지며 다치게 됩니다.

우리 모두가 수없이 반복한 일들입니다. 이 세상에는 행복이 있고 그 행복은 바로 우리 안에 있습니다. 행복을 찾기 위해 다른 어디에도 갈 필요가 없습니다. 우리 안으로 들어가야 합니다. 행복을 찾기 위해 이 세상으로 나갈 필요가 없습니다. 태국이나 스리랑카, 그 밖의 어디로도 갈 필요가 없습니다. 행복은 오로지 지금 이 몸, 이 마음 안에서만 찾을 수 있습니다.

우리가 지구상 어디에 있던 바로 그곳이 행복을 찾을 수 있는 유일한 장소입니다. 이미 우리가 늘 지니고 다니는데 안으로 들어가는 것 이외에 다른 어디로 가겠습니까? 얼마나 더 고통에 끌려가고 고통의 희생자가 되어야 합니까? 마음에서 거리를 둬보십시오. 이제 그만 '뭉기적'거리십시오. 얼마나 더 이런 식으로 시달리며 살아야 합니까? 진정한 자유, 진정한 평화, 진정한 행복을 알아야 할 때가 지금 이 순간 아닙니까?

○ 서른 번째 인생 사진

정글에서
개구리를 먹으면서도
행복해

어제 알마데일에서 법문을 마치고 돌아오는 길에 주유소에 멈추었습니다. 우리 옆에는 열여덟 살쯤 되어 보이는 젊은 남녀가 드라이브를 하고 있었습니다. 저녁때 할 일이 별로 없었던지 바보처럼 행동하고 있었습니다. 저에게는 그 젊은이들이 말하는 방식, 여기 저기 뛰어다니는 모습이 어리석어 보였지만 본인들은 '쿨하다'고 생각하는 모양이었습니다. 그 젊은이들은 그것이 행복이고 즐거움이라고 믿고 있었습니다. 다른 사람들이 "이렇게 하는 게 멋진 거야" 하니까, 자신들의 행동이 실제로 삶을 더 큰 행복으로 이끄는지 아닌지에 대해선 아무런 의문을 갖지 않는 듯했습니다.

저는 언제나 질문을 하며 살아왔습니다. 질문과 철저한 탐구가 삶을 행복으로 이끕니다. 도대체 인생이 무엇인지, 진정한 즐거움이란 무엇인지 질문하고 탐색하십시오. 인생이란 대체 무엇입니까? 이 질문이 저를 절로 향하게 했고, 명상으로 이끌었으며, 지금 이 자리에 있게 했습니다.

진정한 행복이란 무엇인가? 이것을 어떻게 성취하는가? 이 두 가지는 모든 인간의 삶을 지배하는 질문입니다. 인간은 행복이 무엇인지 알아내서 그것을 자기 것으로 만들고자 합니다. 여기서 짚고 넘어가야 할 것이 있습니다. 행복이란 이런 것이다, 하고 남들이 하는 말을 다 믿어서는 안 된다는 것입니다. 저는 일찍부터 이런 태도를 지니고 있었습니다. 행복이란 록 밴드와 마약이라고 말하는 사람들도 있고, 섹스와 여행이라고 말하는 사람들도 있습니다. 모두 다 해봤지만 저에게 이런 것들은 결코 행복이 아니었습니다. 이런 일들을 할 때의 우리는 무언가가 일어나기를 기대하며 기다리는 상태에 불과합니다.

 사람들이 약속했던 행복은 대체 어디 있는 것입니다? 제가 무언가 잘못된 것입니까? 제가 제대로 가고 있기는 한 겁니까? 행복을 느낄 때도 있지만 그 순간뿐이었습니다. 인간관계와 연애에는 많은 긴장의 순간들이 있었습니다. 술에 취하는 것이 너무나 근사하고 재미있는 일이라고 믿는 사람들도 있었습니다. 마약? 거기에 어떤 의미나 즐거움이 있기는 한 것일까요? 그 시절 다행히 저에게는 질문하는 마음이 있었습니다. 뒤돌아 반추해보고 '무의미해' '이건 바보 같은 짓인걸' '내가 이것을 왜 하는 걸까?' '내가 지금 어디로 가고 있는 거지?' '여기서 성취되는 것이 있나?' '해봤지만 여전히 잘 모르겠는걸' 하는 마음이었습니다.

 온 세상 사람들이 행복을 찾아, 즐거움을 찾아 헤매지만 실제로 성공하는 경우는 거의 없습니다. 사람들은 공허하고 헛된 즐거움을 좇는 경우가 많습니다. 그저 앞서 가는 양만 따라가는 양떼와 같습니다. 목소리 큰 양들이 "그래, 이게 바로 즐거움이야!" 하면 나머지 양들은 그대로 같이 따라 갑니다. 아무도 이 허풍에 도전하거나 스스로의 느낌은 어떤지는 탐색해보지 않습니다.

세상에서 이런 즐거움을 좇을 때마다 제 마음속에는 어떤 목마름이 올라왔습니다. 잡기 전에는 열병에 시달리고, 잡은 후에는 공허함만이 남았습니다. 그래서 저는 재가자로 사는 동안 "이게 다야? 그래서 어쩌라고!"를 제 인생의 모토로 삼았습니다. 학위를 위해 그렇게 오래 동안 공부해왔음에도 불구하고 말입니다. "이게 다야? 그래서 어쩌라고! 그 오랜 세월 동안 무엇을 위해 그렇게 열심히 공부했지?" "연애를 했는데, 이게 다야? 그래서 어쩌라고!"

벽에 금이 갔는데 그 위에 회칠을 덧발라봐야 회칠이 마르면 다시 금이 가게 되어 있습니다. 문제를 진짜로 해결하는 것이 아니라, 임시로 덮어놨을 뿐입니다. 제 경우에는 즐거움을 향한 추구, 의미를 향한 추구, 행복을 향한 추구를 하다가 제 바깥에 있는 세상에 대해 의문을 품게 되었습니다. 불가의 스님들은 제가 본 사람들 중 가장 평화롭고 행복하고 안정된 사람들이었습니다. 처음에는 사실 좀 놀랐습니다. 스님들은 고통에 대해 이야기할 때 늘 미소를 띠고 있었고, 이것은 제

호기심을 불러일으켰습니다. 나중에 명상을 시작하고 나서 깊고 큰 행복을 경험하고 나니 제 호기심은 더욱 강렬해졌습니다. 세속에서 그렇게 행복을 찾아 헤매고 수없이 많은 가능성들이 있는데, 가장 심오하고 오래 지속되며 가장 순수하고 강력한 행복을 왜 절에서 깊은 명상을 통해 체험하게 되는 것입니까? 제가 무언가 잘못된 것입니까?

제가 젊은 비구로서 지낸 시절은, 어렵고 힘든 고생의 시절이 아니라 뿌듯한 성취와 큰 행복과 평화의 시절이었습니다. 태국 정글에서 개구리를 먹으면서도 저는 행복한 비구였습니다. 마음은 평온했으며 인생은 즐거웠습니다. 그로부터 이십오 년이 지나 그 시절을 되돌아보니 그때의 즐거움이 이해가 됩니다.

그것은 모든 것이 고요해지고 모든 문제가 사라지는 지점이었습니다. 그것이야말로 진정한 행복입니다. 그것을 알고 나면 행복으로 이끄는 길이 보입니다. 그것은 고요함의 길, 놓아버림의 길입니다.

○ 서른한 번째 인생 사진

내 마음속의 거짓말쟁이

우리는 종종 운전석에 앉아서 아주 무겁고 우울한 음악을 틀 때가 있습니다. 꼭 무거운 음악이 아니더라도 차 안에서 이런 저런 음악을 듣습니다. 백화점이나 영화관, 공항 등 사람들이 많이 모이는 장소면 어디를 가더라도 음악이 울려 퍼집니다. 제가 일이 생겨서 시내에 있는 절에서 묵게 될 때면 조용히 앉아 있고 싶어도 많은 사람들이 저를 찾아와 상담을 하곤 합니다. 저녁때가 되어 마침내 사람들이 다 떠나고 나면, 저는 조용한 제 방으로 돌아와 "와, 행복하다!" 말하게 됩니다.

사람들이 질문을 하거나, 이런 저런 부탁을 하고, 일을 보는 바깥의 소음들은, 우리가 마음속에서 듣는 것과 같은 종류의 소음입니다. 우리 내면의 해설자가 우리에게 이렇게 해라, 저리로 가라, 하는 소리입니다. 내면의 해설자는 제가 이렇고 저렇다고 재단을 합니다. 이 소리가 멈출 때면 참으로 놀라운 경험을 합니다. 말도 없고 생각도 없는 상태, 이래라 저래라 하는 목소리가 없는 그저 비어 있는 공의 상태 속에 남겨집니다.

저는 늘 저한테 이래라 저래라 하는 사람들에게 반항하며 살아왔습니다. 그래서 제가 권위적인 주지가 못 되는 모양입니다. 사람들에게 어떻게 해야 한다고 별로 말하지 않습니다.

제가 반항적이어서 그런지 마음속에서 명령을 하는 목소리가 있으면 금방 알아차립니다. '일찍 일어나' '늦잠 너무 자는 거 아냐' '가서 명상해' '명상 더 오래해야지' '마음을 추스르라고' '법문 좀 잘해봐' '그렇게 많이 먹지 마' '젊은 스님들에게 더 좋은 모범이 돼야지'. 남들에게 이런 저런 명령을 받는 것과 똑같았습니다. 어떨 때는 미칠 것 같았습니다.

내면의 해설자가 우울증의 원인이 될 수 있습니다. 적어도 제 경우에 있어 이 내면의 해설자는 늘 뭔가 흠을 잡았습니다. 일반인이든 수행승이든 모두 이 내면의 해설자를 조심해야 합니다. 신뢰할 수 없는 존재이기 때문입니다. 출가를 하면 다른 관점에서 보기가 더 쉬워집니다. 내면의 해설자에게 거리를 두고 '알아차림'을 통해 보도록 용기를 주는 사람들이 늘 주변에 있기 때문입니다. 내면의 해설자가 하는 헛소리를 계속 반복해서 들어보십시오. 내면의 해설자가 하는 말을 들으면 늘 문제가 생긴다는 것을 알아차릴 수 있게 됩니다. 이러한 내면의 생각은 신뢰할 만한 것이 못됩니다. 진실도 아니고 정확하지도 않습니다.

제가 태국에 있는 한 절에서 명상을 할 때였습니다. 명상을 하다 보니 제 생각을 일정한 거리를 두고 바라볼 수 있게 되었습니다. 생각을 어느 정도 떨어져 바라보니 이 생각들이 다

멍청해 보이기 시작했습니다. 이 생각들이 어떻게 조건화되었는지, 하나도 빠트리지 않고 그 근원으로 거슬러 올라가는 것이 가능했기 때문입니다. 모두 조건화된 생각들, 과거에 배웠던 것을 반복하는 것에 불과했습니다. 창조적인 생각이라고는 하나도 없었습니다. 그 생각들은 제가 생각해낸 것들이 아니었습니다. 아버지나 제가 깊은 인상을 받았던 사람들이 했던 표현을 그대로 쓰는 경우도 있었습니다. 그저 앵무새처럼 그 말들을 따라 하고 있을 뿐이었습니다.

'알아차림'을 통해 보면 이러한 내면이 나누는 대화의 실상을 볼 수 있게 됩니다. 그것은 단지 과거로부터 울리는 메아리에 불과할 뿐이었습니다. 실체도 없고 실상도 없으며 어떠한 진실도 담고 있지 않은 허상을 믿고 있었던 것입니다. 이 믿음을 더 이상 지속할 수 없게 되자 아주 멋진 일이 있어났습니다. 제가 더 이상 제 생각을 믿지 않게 되자, 생각을 멈추고 최고로 아름다운 명상의 시간들을 가질 수 있었습니다.

이런 통찰을 얻기 전에는 저는 제 생각들을 다 믿었습니다. 제 친구들과는 말싸움을 해도 제 생각들과는 언쟁을 벌이지 않았습니다. 제 마음속에 떠오르는 생각들을 전혀 의심하지 않았습니다. 늘 절대적인 진실로 받아들였습니다. 무언가가 싫다는 생각이 떠오르면 제가 그것을 싫어한다는 것이 저에게는 당연한 진실이었습니다. 나중에 제 생각에 보내던 지지를 철회하고 나니, 남들이 하는 말도 쉽게 믿지 않게 되었습니다. 그래서 책에서 읽은 것에 대해 늘 의문을 제기하고 도전하게 되었습니다.

명상을 하면서 우리가 생각 자체에 도전을 해보면 생각이 얼마나 거품 같은 것인지를 깨닫게 됩니다. 그 거품을 뾰족한 것으로 찔러보면 뺑! 하고 터지고 아무것도 남지 않습니다. 생각을 믿게 되면 수많은 문제들이 일어납니다. 이 생각들을 바라보고 생각해보십시오. 관찰자로 거리를 두고 보십시오.

내면의 대화가 앞으로 갔다 뒤로 갔다 하는 것에 거리를 두고 무심하게 바라보십시오. 내면의 대화에 거리를 두고 '알아차림'을 통해 바라보면, 여러분 생각이 옳다고 굳게 믿었던 마음이 점점 약해지게 됩니다. 그런데 우리 자신의 생각을 믿을 수 없다면 무엇을 믿어야 할까요? 여러분은 텅 빈 공간, 침묵을 믿어야 합니다. 이 빈 공간, 공함이야말로 여러분의 생각보다 훨씬 진실하고 진정한 것입니다. 내면의 대화는 부정확합니다. 그저 왔다가 가는 한 생각에 불과합니다. 생각은 우리 마음 상태에 따라 조건화되어서 일어납니다. 속이 상할 때면 불쾌한 생각을 하고, 기분이 좋을 때면 유쾌한 생각을 합니다. 둘 중 어느 생각이 진짜일까요? 둘 다 아닙니다. 두

가지 생각 모두 여러 조건들에 의해 채색되고 형태가 왜곡되어 있습니다. 이 사실을 깨닫게 되면 더 이상 생각을 믿지 않게 됩니다.

떠나고 싶다는 생각이 떠올라도 이 생각을 믿지 않습니다. 머물고 싶다는 생각이 일어나도 이 생각을 믿지 않습니다. 젊은 스님이 뭔가 아주 서투른 짓을 해서 짜증이 나서 '스님이 그런 짓을 하면 어떻게 하나? 그 정도는 알아야 되는 것 아닌가?' 하는 생각이 일어나도 저는 그 생각을 믿지 않습니다. 어떤 스님이 정말로 놀랍고 경이로운 멋진 일을 해도 저는 이것을 믿지 않습니다. 그 대신 저는 침묵을 믿습니다.

○ 서른두 번째 인생 사진

고요하게 멈출 때
찾아오는 것

제 스승인 아잔 차 스님께서는 돌아가시기 전까지 오랫동안 병을 앓으셨습니다. 1980년대부터 당뇨와 그 합병증으로 건강이 나빠지셨고, 뇌졸중 증상이 나타나기도 했습니다. 그로 인해 스님께서는 말과 신체 움직임에 장애가 생겼고, 전신 마비와 함께 구 년 가까이 말을 할 수 없었습니다. 저를 비롯한 모든 제자는 어떻게 할 것인가를 의논했습니다. 저는 자연의 순리에 따라 스님을 떠나보내자고 말했습니다. 아잔 차 스님께선 충분히 일했으니 그냥 세상을 떠나게 하자고 말입니다.

그런데 당시 태국의 왕이 그 소식을 듣고 명령을 내렸습니다. 아잔 차 스님의 생명을 유지하게 하라고 말입니다. 태국에선 왕이 승려에게 명령하면 선택의 여지가 없이 그것을 따라야 합니다.

왕은 아잔 차 스님을 돌보는 남자 간호사를 하루 종일 당번으로 배치했습니다. 그리고 제자들도 두세 명씩 함께 머물렀습니다. 어느 날 새로운 간호사가 당번이 되었을 때 아잔 차 스님께서 갑자기 호흡을 멈췄습니다.

새로운 간호사는 무척 놀라서 흥분하기 시작했습니다. 간호사는 아잔 차 스님께서 언젠가는 죽을 것이라는 사실을 알고 있습니다. 하지만 자신이 당번일 때 그런 일을 겪고 싶지는 않았던 것입니다. 그날 밤 다른 스님들은 간호사를 안심시켰습니다. 저는 스님이 깊은 명상을 하는 거니까 그냥 그대로 놔두라고 했습니다. 그 간호사는 아잔 차 스님께서 사망했다고 말했습니다. 저는 아니라고 말했습니다. 아잔 차 스님께서는 예전에도 이런 일이 여러 번 일어났었다고, 깊은 수행에 잠겨서 그런 거라고 말해주어도 간호사들은 믿지 않았습니다.

아잔 차 스님께선 맥박이 뛰지 않았고, 두세 시간 동안 숨을 쉬시지 않았습니다. 걱정이 된 간호사는 아잔 차 스님께서 호흡이 없는 동안 수시로 혈액 샘플을 채취해서 혈액에 산소가 잘 공급되고 있는지 확인했습니다. 그런데 혈액 속의 산소 수위는 변동이 없었습니다. 그 사실이 간호사들을 안심시켰습니다. 결과적으로 혈액에 충분한 산소가 있다면 뇌에 문제가 없을 것이기 때문이었습니다. 그 산소가 어디서 생기는지는 모르지만 어쨌든 산소가 있었습니다. 아잔 차 스님께서는 결코 죽지 않았습니다. 그는 훨씬 세월이 흐른 뒤에 죽었습니다.

또 한 가지는 어느 재가 제자의 이야기입니다. 이 이야기는 때로 사람들을 두렵게 만들기 때문에 하지 말라고 하기도 합니다. 여러분, 두려워할 필요는 전혀 없습니다.

어느 일요일 오후, 남편은 명상에 잠길 것이라고 아내에게

말한 뒤 안방으로 들어갔습니다. 남편이 한 시간이 지났는데도 안방에서 나오지 않자, 아내는 무슨 일을 일어났는지 보러 안방으로 갔습니다. 그런데 그는 완전히 고요한 상태에서 앉아 있었습니다. 너무 고요해서 아내는 남편의 가슴이 움직이는 것을 볼 수 없었습니다. 남편의 가슴에 귀를 대보았는데 심장이 뛰는 소리를 들을 수 없었습니다.

아내는 남편이 죽었다고 생각하고, 앰뷸런스를 불렀습니다. 그는 요란한 사이렌 소리와 함께 서둘러 병원으로 옮겨졌습니다. 응급실의 심전도에는 심장 박동이 기록되지 않았고, 뇌파에서도 두뇌 활동이 나타나지 않았습니다. 평평한 선. 딩딩딩딩. 응급 상황!

하지만 이것은 이 이야기의 멋진 부분입니다. 이렇게 이야기하면 더 생생하게 느껴지니까요. 평평한 선이었습니다. 그들은 EEG를 켰습니다. 또 평평한 선이 나타났습니다. 그는 뇌가 죽은 상태였습니다. 그 어떤 정신적 활동도 감지되지 않았습니다. 그의 심장도 활동하지 않았습니다.

사실 그는 죽은 것이 아니라 명상을 하고 있는 것이었습니다. 그는 운이 좋은 편이었는데, 이유는 그 일요일 오후에 당번이던 의사가 인도에서 태어난 젊은이였기 때문입니다. 인도에서 태어난 의사는 부모들로부터 때로 깊은 명상에 잠긴

요가 수행자들은 생명 활동을 중단할 수 있다는 말을 들었습니다. 의사는 남자의 아내로부터 남편이 명상하고 있었다는 사실을 전해 들었습니다.

의사는 포기하지 않기로 결정했습니다. 의사는 남자의 가슴에 전기기구를 댔습니다. 여러분은 그것을 영화에서 본 적 있을 겁니다. 전기 충격으로 가슴이 들것 위로 튀어 오르게 하는 것 말입니다. 의사는 그것을 여러 차례 했습니다. 그런데도 ECG나 FFG에는 삐 소리기 나지 않고 사십오 분 동안 평평한 선만 나타났습니다. 통상적으로는 보면 남자는 사망한 것임에 틀림없었습니다. 그러나 남자는 그 상태로 있다가 전기 충격에 의해서가 아니라 스스로 명상에서 깨어나야겠다고 결정해서 깨어났습니다.

남자가 눈을 뜨고 드디어 삐 삐 삐 소리가 울렸습니다. 의사는 일을 마쳤고 남자의 아내는 안도했습니다. 이후 의사는 남자를 철저히 검사했지만 그는 더없는 행복감만 느끼고 있을 뿐이었습니다.

"나는 당신한테 아무런 이상도 발견하지 못합니다."

남자는 아내와 함께 집으로 돌아갔는데 차를 타지 않고 그냥 걸어서 갔습니다. 그는 그것이 너무나 평화로우면서 대단히 황홀하고 평화로운 경험이었다고 말했습니다. 그는 전기

충격이나 앰뷸런스의 비상등 소리를 전혀 듣지 못했다고 했습니다. 그가 유일하게 불쾌했던 것은 아내가 집에 가서 "다시는 명상하지 마세요! 나는 당신이 죽었다고 생각했다구요!"라고 말하면서 단숨에 비난한 것이라고 했습니다.

이것은 실제로 있었던 이야기입니다. 저는 그가 무엇을 했는지, 어디에 이르렀는지 정확히 알고 있었기 때문에 그에게 물었습니다.

"어째서 이번에 그런 일이 당신에게 일어났나요?"

그는 말했습니다.

"저는 처음으로 진짜 내려놓았습니다. 진짜 내려놓았습니다."

저는 그것을 수없이 경험했기 때문에 알고 있습니다. 마음은 있는데 뇌는 전혀 작동하지 않고 있습니다. 과학자들은 때로 대단한 독단주의자들입니다. 그것은 과학자들이 평판을 잃는 이유들 중 하나입니다. 왜냐하면 그들은 과학적이지 않기 때문입니다. 그들은 진실에 직면하여 그들이 소중히 여기는 이론을 버리는 것을 두려워하고 있습니다. 저는 요즈음 대학에서 과학을 어떻게 가르치는지 정확히 알지 못합니다. 제 생각에 그들은 조사 연구보다는 그들의 믿음을 가르치는 듯합니다. 그것은 과학자들이 특히나 서양에서 종교와 부딪치는 이유들 중 하나입니다. 과학과 종교, 종교와 과학. 과학이 그처럼 독단적일 때 그것은 대의를 수행할 수 없습니다.

제가 아잔 차 스님께 들은 이야기입니다. 아잔 차 스님께서 밀림과 숲을 다니며 수행하던 시절, 숲속 어딘가에서 연못, 개울 같은 곳을 찾으면 그 근처에서 밤을 보내셨다고 합니다. 아찬 차 스님께서 고요히 명상을 하고 있으면 동물들이 물을 먹기 위해서 나타나는 모습을 지켜볼 수 있었는데, 동물들은 매우 고요할 때만 나왔다고 합니다. 그런데 동물들은 아잔 차 스님께서 고요하게 앉아 있을 때에만, 그가 있는지조차 모르고 나와서 물에서 놀았다고 합니다. 이것은 깊은 수행에서 일어나는 일들을 비유한 말씀이었는데, 완벽하게 고요하게 멈출 때만 찾아오는 것이 있다고 하셨습니다.

○ 서른세 번째 인생 사진

새들은
어디에나
둥지를 튼다

대부분의 사람들은 취해버리고 싶어 합니다. 술이나 마약 같은 약물뿐만 아니라, 이성의 아름다움에도 취해버리고 싶어 하기도 합니다. 또한 아름다운 교향곡, 석양의 아름다움이 주는 즐거움에도 취하는 것을 좋아합니다. 그리고 사람들은 행복하다고 느낍니다. 하지만 이것은 중독입니다. 중독은 우리의 몸에 독을 주입하는 행위를 뜻하는 단어입니다. 하지만 여기서 말하고자 하는 것은 마음의 독입니다. '마음을 중독' 시킨다는 것은 어떤 것이겠습니까? 마음에 고통과 통증을 가져오고, 마음에서 평화와 평온을 빼앗아가는 것입니다.

여러분, 모든 중독에는 금단증상이 따릅니다. 금단증상을 겪으면서 이 모든 것들이 가져오는 고통을 생생히 바라보게 됩니다. 아무리 아름다운 인간관계도 언젠가는 끝이 납니다. 이런 인간관계에 깊이 중독되어 있을수록, 그 금단증상도 격렬하기 마련입니다. 이러한 중독을 치유하기 위해서는 평화와 고요함, 감각의 세상이 주는 황홀경을 초월하는 행복이 필요합니다.

평화와 고요는 세상이 주는 어떤 즐거움보다도 행복한 것입니다. 깊은 명상 상태에 든 마음의 지극한 행복감, 고요함이 주는 순수한 즐거움은 반드시 경험하고 온전히 느껴봐야 하는 것입니다. 우리는 세속의 다섯 가지 감각이라는 마약을 한 방만 더 맞으려는 욕망, 더 많은 것을 보고, 경험하고, 더 많은 사람들을 만나고 즐거움을 맛보고자 하는 욕망에 중독됩니다. 이처럼 사람들이 외부 세상에 중독되는 것은 인류 전체가 고통받고 있는 큰 이유입니다.

우리가 중독이 되면 '알아차림'이 깨지고 마음이 둔해집니다. 쾌락은 마음을 둔하게 만듭니다. 마음의 중독 상태가 지나면, 마음이 둔해지면서 거의 악의에 가까운 불쾌한 흐릿함, 뭔가 잘못되었다는 감정이 올라옵니다. 일단 이것을 깨닫고 나면 보다 안정적인 행복, 보다 일정한 '알아차림'을 추구하게 됩니다. 붓다께선 '알아차림'이 감각에 대한 중독뿐 아니라 '나'에 대한 중독도 치유해야 한다고 하셨습니다.

자부심에는 젊음에 대한 자부심, 건강에 대한 자부심, 존재에 대한 자부심 등이 있습니다. 아직 나이가 들지 않고 젊음에 중독된 사람들은 젊었을 때의 혈기 왕성함이 영원히 계속될 것이라고 생각합니다. 하지만 나이가 들면서 그때의 혈기는 사라집니다. 젊었을 때처럼 도끼를 높이 치켜들 수 없습니다. 도끼가 나무에 깊이 박히지도 않습니다. 몸이 내 맘대로 되지가 않습니다.

몸에 애착이 강했던 사람들에게는 큰 통찰일 수도 있고, 반대로 큰 충격일 수도 있습니다. 나이가 들면서 몸이 어떻게

자기 자신을 배신하는지를 배우게 됩니다. 여러분 의지의 도구, 여러분이 하라고 시키면 다 하던 몸이 이제는 자기 하고 싶은 대로 하고, 하라는 일에는 반항합니다. 나이가 들어 이런 상황을 겪어보게 되면 강한 영향을 받습니다. 많은 사람들이 실제로 겪을 때까지는 실감을 못합니다. 나이 든 사람들에게 몸은 감옥, 정말 갑갑한 감옥일 수 있습니다. 아무리 시켜도 말을 안 듣고, 반대로 나에게 이래라 저래라 합니다. 자고 싶으면 자야 하고, 아프면 고스란히 통증을 느껴야 합니다. 자신이 할 수 있는 것은 아무것도 없습니다. 젊음에 대한 자부심, 중독을 경계하십시오.

건강에 대한 중독은 젊음에 대한 중독과 비슷합니다. 건강한 사람들은 자기가 똑똑하고 영리해서 그렇다고 믿고 스스로가 우월하다고 생각합니다. 우리 사회에는 '아프면 다 자기 잘못이야'라고 생각하는 사람들이 있습니다. 하지만 건강함과 건강하지 않음은 동전의 양면이며, 모두 부모로부터 물려받는 것입니다. 나이가 들어 병들고 결국은 죽어 없어질 이 몸은 부모가 우리에게 물려준 것입니다. 처음에는 재미도 보고 쾌락도 즐기지만, 나중에 가서 그 대가를 치러야 합니다. 손해 보는 장사가 아닐 수 없습니다.

한편 존재, 삶 자체에 대한 중독도 있습니다. 사람들은 '존재'한다고 믿고 싶어 합니다. 왜 그렇습니까? 우리는 인생과 삶의 고통에 대해 다른 사람들의 탓을 하는 경우가 많이 있습니다. 병든 사람들을 보면서 '아픈 건 다 자기 탓이야' 하고 생각하는 것과 비슷합니다. 질병과 마찬가지로 인생에서 고통은 피할 수 없습니다. 고통을 겪는 것은 누구의 탓도 아닙니다. 인간은 유전적으로 고통을 당할 수밖에 없게끔 태어났고, 유전자 조작을 해서 고통을 피할 수 있는 방법이 있는 것도 아닙니다.

골프에 비유하자면 기준 타수, 기본적으로 주어지게끔 되어 있는 일입니다. 그래서 붓다께선 "원하는 것과 떨어져 있는 것은 고통이고 원하지 않는 것과 함께하는 것도 고통이다"라고 가르치셨습니다. 적어도 인생의 절반은 원하지 않는 사람, 물건들과 함께합니다. 피할 수 있는 성질의 것이 아닙니다.

하지만 우리는 중독과 자부심을 치유하고, 목마름을 극복하며, 갈망을 다스릴 수 있습니다. 붓다께선 아무리 가져도 만족할 수 없어 더 가지고 싶어지는, 절대 충족될 수 없는 갈망의 대상으로 세 가지를 꼽으셨습니다. 제 기억이 맞는다면 성적 접촉과 잠과 술입니다. 우리는 이 세 가지를 아무리 가져도 더 가지고 싶어 합니다. 끝이 없는 갈망입니다.

갈망이 작용하는 방식을 한번 살펴봅시다. 갈망은 곧 고통

입니다. 갈망이 마음속에 등장하는 순간, 우리가 무엇인가를 원하는 바로 그 순간부터 문제가 발생합니다. 그때부터 뭔가 일이 심각해집니다. 갈망의 대상을 열망하며 그 대상을 향해 몸을 돌리고 손을 뻗어 움켜잡으려 합니다. 갈망하던 대상을 얻는 데 실패하면 고통이 발생합니다. 그렇다면 갈망하던 대상을 얻으면 적어도 잠깐 동안은 갈망이 사그라지겠습니까? 애타게 원하는 대상을 얻는 그 순간, 또 다른 갈망이 생기는 것이 이 목마름, 갈애의 특징입니다.

갈망에서는 진실성이라고는 찾아볼 수 없습니다. 대상을 가지는 순간, 불만족이 찾아옵니다. 또 다른 것을 달라고 떼를 씁니다. 갈망은 "이번에 원하는 대상만 얻으면 진짜 행복해질 수 있어" 하고 굳게 약속하지만, 우리가 그것을 얻는 순간 또 다른 것을 갈망합니다. 갈망은 원래 이런 것입니다. 너무나 목이 말라 물을 마셨지만 얼마 못 가서 또 갈증이 나는 것과 똑같습니다.

몇 년 전 결혼이 라틴어로 '도박'이라는 뜻을 가진 단어에서 기원했다는 이야기를 들었습니다. 진짜 그런지는 모르겠습니다만, 결혼이 도박인 것은 사실입니다. 결혼식을 올리고 오랜 시간이 지나야 자신과 결혼한 사람이 진짜 어떤 사람인지를 깨닫게 됩니다. 관능의 세계는 아슬아슬한 위험으로 가득 차 있습니다. 우리는 이 관능을 극복하고 스스로를 절제해야만 자유로워질 수 있습니다.

여기서 우리가 다스리는 것은 갈망, 갈애입니다. 물을 마시지 않으면 갈증은 사라집니다. 그 좋은 예로 좌선을 들 수 있습니다. 처음 좌선을 시작하면 편한 자세를 잡으려고 노력하게 됩니다. 오랫동안 앉아 있으면 불편하기 때문에 이렇게 앉았다 저렇게 앉았다 해보게 됩니다. 이리 저리 꼼지락거리면서 가장 편안한 자세를 찾으려고 노력합니다. 하지만 곧 편안함만을 추구하는 육신의 갈망을 쫓다가는 결코 평화를 맛볼 수 없다는 것을 알게 됩니다. 불편할 때마다 몸을 움직이는 대신 육신의 요구를 단호히 거절하고 고요하게 앉아 있으면 몸의 고통과 통증이 저절로 사라집니다. 몸의 요구에 귀를 기울이지 않으면 서서히 희미해져 사라져버립니다. 긁으면 부스럼만 더 생길 뿐입니다.

가만히 앉아 몸이 저리고 근질근질해도 여기에 반응하지 않고 그저 몸을 움직이지 않으면, 마음은 몸의 느낌들에게 등을 돌려버립니다. 참으로 신기한 것은 간지러운 곳을 긁어주고 아픈 곳을 피해 움직이며 방석을 하나 더 받혀 편안해지려고 애를 쓰면 결코 편해질 수 없습니다. 그저 가만히 몸을 내

버려두십시오. 근질거림과 움찔거림에 굴복하지 않고 무시한다면, 몸이 사라지고 평화가 찾아옵니다. 원하는 대로 들어주고 따라가면 점점 더 악화될 뿐입니다. 거절하면 사라져버리고 편안함을 얻을 수 있습니다.

한곳에만 묶인 삶은 감옥입니다. 많은 사람들이 삶을 감옥으로 만들어버리고 있습니다. 소유물은 감옥의 창살입니다.

외적인 자유가 아닌 이런 내적 자유, 갈망 때문에 움직이는 것이 아닌 아무것도 갖지 없는 상태야말로 진정한 자유입니다. 새들은 이 나무에서 저 나무로 날아다니면서 어디에나 둥지를 틉니다.

○ 서른네 번째 인생 사진

달콤한 고추를 찾아서

"왜 그렇게 고추를 먹고 있습니까?"

물라 나스루딘(13세기 이슬람의 현자)은 고추가 가득 든 냄비를 앞에 놓고 먹고 있었습니다. 코에서 콧물이 줄줄 흐르고, 타는 듯한 통증을 느끼면서도 그 매운 고추를 하나, 또 하나, 그리고 다시 또 하나 계속해서 먹고 있었습니다. 그때 누군가가 다가와서 물었습니다.

물라 나스루딘은 대답했습니다.

"달콤한 고추가 나오길 기다리고 있습니다."

여러분, 우리가 인생에서 연애, 집, 직업 등을 쫓아 헤매는 것이 바로 달콤한 고추를 찾고 있는 것과 같습니다. 심지어 자신에게 꼭 맞는 절을 찾아 헤매는 수행자도 있습니다. 물론 달콤한 고추는 그 어디에도 없습니다. 고추는 맵기 때문에 고추입니다. 달콤한 고추를 찾아서 계속 고추를 먹고 또 먹는 것은 시간 낭비일 뿐입니다.

불교 경전에는 똥더미에서 사는 구더기에 대한 이야기가 있습니다. 이 구더기는 자신이 사는 똥더미에 너무나 애착을 가진 나머지 이 똥더미가 극락이라고 믿었습니다. 많은 사람들이 이와 똑같은 문제를 가지고 있습니다. 고통이 있고 사람들은 그 고통에 익숙해집니다. 그리고 그 고통이 극락이라고 생각합니다.

맛있고
달콤한
고추를
찾아라

여러분이 행복이라고 부르는 것은 무엇이겠습니까? 잡지나 신문을 읽어보면 사람들은 새로운 연애, 결혼, 아이를 낳고 키우는 것, 영화를 보거나 음악을 듣는 것 등을 행복이라고 부릅니다. 그런데 사람들이 행복이라고 부르는 것을 저 같은 수행자들은 고통이라고 부릅니다.

옛날에 현명한 말, 똑똑한 말, 부주의한 말, 멍청한 말, 아주 멍청한 말과 채찍을 가진 조련사가 있었습니다. 현명한 말에게는 채찍을 보여줄 필요조차 없었습니다. 조련사가 무엇을 시키면 현명한 말은 재빨리 시키는 대로 합니다. 현명한 말은 그렇게 하는 것이 스스로에게 가장 이롭다는 것을 알고 있습니다. 이것이 행복으로 이끄는 길입니다. 어떤 때 조련사는 채찍을 집어 들어 그 그림자가 말에게 드리워지게 해야 합니다. 채찍의 그림자가 드리워지면 똑똑한 말은 "제대로 해야지. 안 그러면 아프게 될 거야"라는 것을 알고 있습니다.

부주의한 말은 채찍으로 툭 쳐줄 필요가 있습니다. 너무 아프지 않게 그저 툭 쳐주기만 하면, 부주의한 말은 스스로 자신에게 무엇이 필요하고 가장 이로운 길인지 알아차립니다. 한편 멍청한 말은 채찍으로 세게 한 번 후려쳐줘야 합니다. "아야! 아픈데!" 한 번 아픔을 경험하고 나면 그것으로 충분합니다. 그러면 멍청한 말은 어느 쪽으로 향해야 하는지 알게 됩니다.

그런데 아주 멍청한 말은 여러 번 반복해서 맞아야만 합니다. "아야! 아야! 아야!" 하면서도 여전히 멍청한 짓을 똑같이 반복합니다. "아야! 아야! 아야!" 멍청한 말은 도대체 뭐가 어떻게 돌아가는지 파악이 안 됩니다.

너무나 많은 사람들이 이 마지막 부류에 속합니다. 심지어 절에도 여기에 해당하는 사람들이 많이 있습니다. '아마존에 가보기 전에는 인생을 진짜 산 것이 아니다' 하는 식입니다. 저는 여러 곳에 가보았고, 여러 가지 경험을 해보았지만, 모두 공허하고 무의미했습니다. 저는 왜 사람들이 아직도 이런 것들을 뒤쫓고 있는지, 여행, 섹스, 연애의 고통과 아픔을 못 보고 있는지 이해할 수 없습니다.

여러분도 이미 충분히 고통을 맛보지 않았습니까? 왜 계속 그러고 있습니까? 행복해지는 것은 쉽습니다. 그저 하던 것을 모두 멈추고 흐름에 휩쓸려 가던 것을 멈추십시오. 그저 습관 때문에 못하는 경우도 있습니다. 예전 방식에 너무 젖어 있어서, 특정한 사고방식이 너무 굳게 박혀 있어서 변하는 것이 힘들 수도 있습니다. 다음 채찍은 다른 말에게 떨어지겠거니 착각할 수도 있습니다. 언젠가 조련사보다 한 발 앞서게 될 것이라고 믿을 수도 있습니다. 하지만 또 다시 "아야! 아

야! 아야!"할 뿐입니다.

　이것은 직접 경험을 해봐야 알 수 있는 것입니다. 똑똑한 사람은 여러 번 채찍을 맞지 않아도 됩니다. 하지만 단지 고통이 무엇인지 아는 것만으로는 충분하지 않습니다. 고통의 반대가 무엇인지 알아야 합니다. 행복이 무엇인지 볼 수 있어야 합니다. 인생의 고통에만 집중한다면, 고통으로부터 해방되는 길을 가고자 하는 동기가 부족하게 됩니다. 인간은 고통에 쉽게 익숙해집니다. 고통을 당연히 여기며 그것밖에는 아무것도 없다고 생각할 수 있습니다. '사는 것은 고통이구나' 받아들이는 것으로 끝날 수 있습니다.

　행복은 우리가 찾으려고만 하면 바로 이 순간에 존재하는 것입니다. 저는 명상을 통해 어느 순간이라도 평화의 자리로 갈 수 있다는 것을 배웠습니다. 마음속에서 올바른 스위치를 찾아 켜기만 하면 됩니다. 이것은 한순간에 성취될 수 있는 것입니다.

　마음속의 올바른 스위치, 바로 '내려놓기', '놓아버리기' 스위치만 찾으면 됩니다. 일단 이 스위치만 찾으면, 이 동작만 마음속에서 제대로 익히면, 명상 중이건, 식사 중이건, 무엇을 하고 있건 간에 상관없이 모든 것이 너무나 쉬워지고 평온해집니다.

그러면 이것을 반복하고 그저 놓아버리는 것이 너무나 쉬워집니다. 일단 어떻게 하는지 알고 나면 세상에 이보다 단순한 일이 없습니다. 이것은 자전거 타기를 배우는 것과 비슷합니다. 일단 어떻게 타는지 알고 나면 세상에 이보다 쉬운 일은 없습니다. 여기에 대해 따로 생각할 필요가 없습니다. 처음 자전거를 타면 이리 뒤뚱 저리 뒤뚱 합니다. 여기서 제가 무슨 말을 하려 하는지 여러분도 잘 알 것입니다. 진정한 행복으로 이끄는 길, 고통으로부터 벗어나는 길은 그저 마음을 열고 놓아버림으로서 욕망으로부터 해방되는 것입니다.

여러분, 오늘 저녁에 마음속의 올바른 스위치를 찾으십시오.

○ 서른다섯 번째 인생 사진

불교의 지혜가
우리 삶에
선물하는 것들

저는 불안감을 주제로 캐나다 토론토 대학의 교수와 학생들에게 강의를 했습니다. 불교심리학과 의학 통합 분야의 학위 과정이었습니다. 학생들은 불교의 수행인 지혜와 자비가 현대 사회의 많은 병들을 치유하는 데 도움이 된다는 사실을 연구, 발표하고 있었습니다. 그 자리에서 저는 불안감에 대해서 강의하면서 실제로 겪은 일을 들려주었습니다.

어느 날 절로 전화가 왔습니다. 저 같은 수행자들은 아무리 상담을 많이 해주어도 상담료를 받지 않고 상담 또한 성심껏 해주기 때문에 그런 전화가 많이 걸려옵니다. 불교 수행자들은 심리학자이고 마음에 밝습니다. 자신의 딸을 걱정하며 전화를 한 어머니는 대학에 갓 입학한 딸이 침대에만 처박혀서 밖으로 나오지 않는다고 했습니다. 이름난 대학 병원의 전문의도 만나보았지만 소용이 없어서 저한테 전화를 했다는 것이었습니다. 저는 딸과 통화를 했습니다.

"학생, 불안감을 느낄 때 불안이 몸의 어느 부분에서 느껴집니까?"

여대생은 대답했습니다.

"스님, 모르겠습니다."

저는 말했습니다.

"한번 가만히 생각해보고 사흘 후에 다시 통화합시다."

사흘이 지나자 그 여대생에게 전화가 왔습니다.

"스님, 가슴에서 불안한 게 느껴집니다."

여대생은 공황적 고통이 엄습할 때마다 가슴이 아팠던 것입니다. 저는 다시 물었습니다.

"그때, 그 느낌이 어떤 것인지 말해줄 수 있겠습니까."

여대생은 말했습니다.

"말로는 표현할 수 없습니다."

제가 다시 말했습니다.

"전화를 끊고 생각해본 뒤 사흘 후에 또 통화합시다."

저는 사흘간 할 일을 준 겁니다. 사흘이 지나자 여대생은 아주 세세하게 어떻게 통증과 고통이 오는지를 잘 표현했습니다. 이렇게 불안이나 고통이 찾아올 때는, 첫 번째로 그것을 잘 표현하고, 그 느낌이 어떤 것인지 알아차리면 됩니다. 저는 이렇게 말했습니다.

"다음에도 또다시 그런 공황이나 불안감이 찾아오거든 가슴을 마사지를 해주세요. 계속해서 통증이 느껴지는 부분을 마사지해주면 그것이 사라질 것입니다."

그리고 여대생에게 사흘 후에 전화하라고 했습니다. 그 여대생은 약속대로 사흘 후에 다시 전화를 했습니다.

"스님이 시킨 대로 가슴이 아플 때마다 계속 마사지를 했습

니다."

제가 다시 물었습니다.

"마사지할 때 기분이 어땠습니까?"

여대생은 부드러운 목소리로 말했습니다.

"가슴이 답답했는데 그런 게 사라졌습니다."

제가 물었습니다.

"그럼 불안감은 어떻게 됐습니까?"

문득 여대생은 깨달았습니다.

"스님, 불안감도 사라졌습니다."

여러분도 어떤 감정이 있을 때 그것이 신체 어느 부분과 일치하는 경우가 있을 것입니다. 감정을 찾아서 통제하는 일은 아주 힘들지만, 통증이 느껴지는 신체 부분을 돌보는 일은 조금 더 쉽습니다.

저는 그 여대생에게 말했습니다.

"불안이 엄습해 올 때마다 가슴을 마사지하십시오."

그렇게 이주일이 지나자 여대생은 침대에서 걸어 나와서 강의실로 들어갈 수 있었습니다. 그녀는 대학으로 돌아가 장학생이 되었고, 저를 '올해의 호주인'으로 추천해주었습니다. 비록 제가 '올해의 호주인'이 되지는 못했지만 그녀에게 깊이 감사했습니다. 그리고 삼 년 후 그녀가 결혼하게 되었을 때는

결혼식을 집전했습니다. 그녀는 더 이상 불안감으로 시달리지 않습니다.

혹시 여러분도 자녀가 시험을 보러 가거나 취업 인터뷰를 할 일이 있으면 이렇게 해보십시오. 자녀가 많이 불안해하면 몸의 어떤 부분에서 통증이 오는지 잠깐 느껴보라고 하고, 그 부분을 마사지해주십시오. 그러면 몸의 통증과 마음의 불안감이 한꺼번에 사라지는 것을 경험하실 수 있을 것입니다.

오늘날 현대병이라 불리는 병들을 대부분 불교의 지혜와 자비로 치유할 수 있어서 많은 사람들이 명상 강의를 들으러 오기도 합니다. 강의를 들은 사람들이 집으로 돌아갈 때는 좀 더 건강해지고, 좀 더 행복한 사람으로 바뀌기 때문입니다.

때로는 신체적인 문제가 있을 때도 명상을 통해서 해결할 수 있습니다. 우리가 수행에서 흔히 고요해지라고 말하는데 고요하게 가라앉혀 긴장을 풀면 건강에 많은 도움이 됩니다.

어느 날, 한 남성이 고무로 된 안면 마스크로 쓰고 절로 찾아왔습니다. 자세히 살펴보니, 그의 몸은 머리부터 발끝까지 발진으로 뒤덮여 있었습니다. 몸 전체에 피부병을 앓고 있는 환자였던 것입니다. 그는 얼굴을 긁지 않기 위해 안면 마스크를 쓰고 있었습니다. 그는 일 분 일 초가 고문이라고 말했습니다. 저는 그를 처음 보았을 때 이건 정말 너무하다고 생각했습니다. 여러분은 그렇게 가혹한 발진을 앓아본 적이 있습니까?

여러분이 몸에 그러한 발진이 생겼다고 상상해보십시오. 여러분 피부의 일 평방센티미터마다 그렇게 지독한 발진이 있다고 말입니다. 저는 남성을 보자마자 깊은 자비심을 느꼈습니다.

"스님, 저는 지금까지 피부병을 낫게 하기 위해서 모든 걸 해보았습니다. 병원에도 다녀보았고, 심리학자, 정신과 전문의와도 상담해보았지만 소용이 없었습니다. 그래서 마지막으로 명상을 해보러 왔습니다. 제가 두세 시간만이라도 가만히 앉아 있을 수 있을지 모르겠습니다. 가려워서 긁지 않고는 참을 수 없기 때문입니다. 저는 어떻게 해야 합니까?"

저는 그에게 절에 머물 것을 허락했습니다. 그 남성은 그날부터 다음 날, 그 다음 날, 그 다음 날까지 계속 머물렀습니다. 그렇게 구 일 동안 명상을 하며 지냈습니다. 그러고 나자 남성의 얼굴은 아무것도 없이 깨끗해졌습니다. 제 방으로 찾아와 셔츠를 걷어서 팔뚝을 보여주고 바지도 내려서 보여주었는데, 발진이 감쪽같이 없어진 것이었습니다. 그 남성은 절에 오기 전에 발목 부상을 입었었는데, 피부병에 비교하면 발목 부상은 아무것도 아니라고 했습니다. 그의 몸은 발목 주변에 일 인치 정도 두께의 밴드를 두른 것을 제외하고는 몸 전체가 모두 깨끗했습

니다. 그는 너무나 행복해 보였습니다. 그때 저는 그 남성으로 인해 큰 기쁨을 얻었었습니다. 그 남성의 열흘 전과 현재가 확연히 달라진 변화를 보는 것은 전혀 공상이 아니었습니다.

우리는 명상을 하게 되면 기분이 좋아지고 마음이 건강해졌다고 말합니다. 앞에서 한 이야기는 물리적으로, 신체적으로 건강해지는 증거를 분명하게 보여주는 사례입니다.

영국의 명문 사립학교인 웰링턴 칼리지에서는 모든 학생들이 일주일에 한 시간씩 명상을 하도록 필수 과목으로 지정했습니다. 명상에 대한 과학적인 증거를 가지고, 학습 성과를 높이기 위해 명상을 실시하고 있는 것입니다. 불자가 많은 한국에선 학생들에게 더더욱 명상을 가르쳐야 하지 않을까 생각됩니다. 여러분의 자녀가 다른 아이들보다 머리가 좋아지고 공부도 더 잘할 테니까 말입니다.

지난해 팔월, 호주에서는 인구 조사 통계를 발표했습니다. 저는 불교도, 기독교도의 인구가 얼마나 되는지 확인해보았습니다. 이번 조사에선 불교를 믿는 사람이 이 퍼센트에서 이 점 오 퍼센트로 늘어났습니다. 저는 호주 같은 서구 세계에서 불교 신자가 늘어나는 일이 즐겁습니다. 불교의 지혜가 그들의 일상생활에서 안고 있는 문제들을 해결해줄 것이라 믿기 때문입니다.

○ 서른여섯 번째 인생 사진

오후면
골프 치러 가는
좋은 상사

출가한 첫해, 태국 북부 지방에서 겪은 일입니다. 제가 머물던 절 주변의 시골 동네는 전통에 따라 마을 사람들이 며칠씩 축제를 벌였습니다. 그들은 확성기를 켜놓고 아주 크게 음악을 틀었습니다. 술에 취한 그들은 새벽 서너 시가 되어야 잠을 잤습니다. 그리고 다음 날 눈을 뜨면 또다시 음악을 틀어놓고 축제를 벌였습니다.

그렇게 사흘째 되는 날이었습니다. 제가 머물던 절은 마을로부터 이 킬로미터 정도 떨어져 있었는데, 마치 방 안에 확성기를 틀어놓은 것처럼 시끄러웠습니다.

저는 명상하기도 어려웠고 잠자는 것은 더욱 어려웠습니다. 마을 사람들이 새벽 서너 시까지 놀다가 잠들 때 즈음이면, 절에선 기상을 알리는 종이 울렸습니다. 우리는 모두 정말 피로해서 마을 대표를 찾아가 말했습니다.

"열두 시에 음악을 꺼주시면 안되겠습니까? 저희가 한두 시간이라도 조용히 잘 수 있게 말입니다."

마을 대표는 단호히 말했습니다.

"안 됩니다."

그는 젊은 수행자의 부탁이라서 안 들어주는 것 같았습니다. 그래서 스승 아잔 차 스님께 말씀드렸습니다.

"스님, 마을 대표를 찾아가셔서 음악 소리를 조금만 줄여달라고 말씀해주세요. 잠을 잘 수 없습니다."

그때 위대한 스승 아잔 차 스님께서는 대답했습니다. 제 삶을 통째로 바꿔버릴 만한 말씀이었습니다.

"소음이 자네들을 방해하는 게 아니라, 자네들이 소음을 방해하고 있다네."

이 말씀은 제 마음에 깊은 울림을 전해주었습니다. 덕분에 저는 소리의 본성과 소리가 제 마음을 어지럽게 하는 이유를 알아차릴 수 있었습니다. 우리는 소리의 세계에 관여하고 그것에 집착합니다. 소리에는 좋은 소리도 있고 귀에 거슬리는 소리도 있습니다. 하지만 그런 소리를 듣는 것은 전적으로 저한테 달렸다는 사실을 알았습니다.

제가 사는 호주의 절에는 코카투 앵무새들이 자주 몰려와서 떠들어댑니다. 사람들은 코카투가 떠드는 소리가 시끄럽다고 하지만, 제가 그 소리를 싫어하든 말든 코카투는 지저귈 것입니다. 그러니까 그 소리를 놓으면 되는 것입니다.

우리가 소리를 잘 살피고 그것에 우리가 어떻게 반응하는지를 살펴보면, 우리가 그 소리를 귀담아들었다는 사실을 깨닫게 됩니다. 그러니까 그 어떤 소리가 우리 자신을 어지럽게 만들었다면 그 이유는 바로 우리가 귀담아들었기 때문입니다.

혹시 여러분은 자기 자신을 지금보다 더 낫게 만들려고 노력하고 있지는 않습니까? 여러분은 이미 충분히 아름답습니다. '이게 바로 나야' '나는 변화할 수 있고 아마 변화할 거야' '그렇지만 지금 나는 강박증 환자야' '지금 나는 분열증 환자야' '지금 나는 우울증 환자야' 이렇게 낙인찍지 마십시오. 그렇게 그냥 두십시오.

지금 이 순간 여러분의 모습을 편안하게 바라보십시오. 그것이 정신적 질병을 앓고 있는 태도를 바꾸는 데 얼마나 강력한 힘을 발휘하는지 모르실 겁니다.

제가 머물고 있는 절에 수행자 한 분이 정신분열증 진단을 받았습니다. 저는 그분이 정말로 자랑스럽습니다. 그분은 아주 아름다운 분이고, 훌륭한 수행자입니다. 절이 아니라 정신병원에 있어야 하는 사람이라고 생각할 수도 있지만, 그분의 아름다운 면모를 보는 건 어렵지 않습니다. 그 스님은 누구에게나 자신을 이렇게 말합니다.

"저는 정신분열증 환자지만, 그것이 자랑스럽습니다."

저는 스님의 이런 태도가 아주 훌륭하다고 생각합니다. 정신분열증이든 다른 장애든 무엇이든 말입니다.

저는 썰렁한 농담 강박증이 있습니다. 이런 썰렁한 농담을 그만둘 수 없어서 계속합니다. 뭐 어떻습니까? 그냥 즐기십시오. 여러분도 지금 모습 그대로를 받아들이면 됩니다. 지금의 여러분에 편안하시면 됩니다. 그러면 문제는 사라집니다.

저는 호주에서 명상 센터를 운영하고 있습니다. 아주 넓은 공간이라서 저는 걷지 않고 달립니다. 아무렇게나 달립니다. 그래서 저에게 누군가 항의를 하면 그냥 칭찬으로 받아들이면 됩니다.

좋은 상사는 오후에 골프 치러 가는 사람입니다. 자기 권한을 넘겨줄 줄 아는 겁니다. 시시콜콜 간섭하지 않고 부하 직원들을 믿는 겁니다. 남을 통제하려는 건 아무도 믿지 못하기 때문입니다. 하지만 우리가 통제할 수 있는 것은 바로 자기 자신뿐입니다. 강박증을 비롯한 여러 장애 역시 자기 자신을 믿지 못해서 생겨납니다. 그것이 '통제'라는 단어에 숨은 진짜 의미입니다. 믿음이 없다는 뜻입니다. 그리고 믿음이 없는 사람은 다른 사람에게도, 자기 스스로에 대해서도 실수를 허락하지 않습니다.

여러분이 다른 사람을 통제하려고 하면, 고통을 겪는 건 다른 사람이 아니라 바로 여러분입니다. 다른 사람들과 함께 일을 해야 하는 경우라면, 다른 사람들을 위해 너무 가슴이 아파하지 마십시오. 여러분은 일주일에 쉰여섯 시간만 그들과 살면 되지만, 그들은 평생 하루에 스물네 시간 동안 그들 자

믿고
골프나
치러
가세

신과 함께 살아야 하니까요. 집에 가시고 그들에게 맡기십시오. 어떻게든 그들이 알아서 할 겁니다.

또한 다른 사람을 통제한다는 것은 끔찍한 일입니다. 그것은 결코 회사를 이끌어가는 좋은 방법이 되지 못합니다. 그 방법으로는 현대 사회에서 성공하기도 어렵습니다. 통제하지 말고 협력하는 방법을 배워야 합니다. 통제라는 건 모든 사람들에게 해야 할 일을 명령하는 위계질서를 의미합니다. 이것은 더 이상은 통하지 않습니다.

우리가 배워야 할 것은 팀을 꾸려서 협력하는 방법입니다. 축구팀처럼 말입니다. 스타 선수 한 명은 결코 최고의 팀이 될 수 없습니다. 좋은 감독이 열한 명의 선수를 하나의 팀으로 만듭니다. 좋은 팀워크가 만들어지면 뛰어난 기량을 가진 스타 선수 한 명 한 명이 아니라 하나의 팀이 됩니다.

저는 회사에서도, 가정에서도 마찬가지라고 생각합니다. 회사라는 것이 모든 사람을 위한 것이고, 그것이 '회사 Company'라는 말에 담긴 의미입니다. 그러니까 다른 사람들과 관계를 맺는 사회적인 기술들을 배워야 합니다. 해야 할 일을 말해주는 게 아니라, 사람들에게 동기를 부여해주고 사람들의 마음을 북돋워주는 기술입니다. 그것이 오늘날 회사에서 요구되는 것이고 현대 비즈니스 리더의 모습입니다. '아름다움!' 그것은 마음의 문을 여러분 자신에 대해서 열어두는 것입니다.

어머니는 항상 아이를 좋아하지 않을 수도 있고, 자녀가 하는 모든 일에 동의하지 않을 수도 있습니다. 하지만 어머니는 언제나 아이를 돌봅니다. 그리고 아이가 행복하기만을 바랍니다. 이렇게 너그럽고 , 차별 없는, 그리고 자유롭게 하는 것이 마음의 문을 여는 방법입니다. 여러분 자신에게 지금부터라도 그렇게 하십시오.

"내 가슴의 문은 나의 모든 것에 열려 있습니다. 내가 누구든, 무엇을 했든 영원히 열려 있습니다."

○ 서른일곱 번째 인생 사진

남을 위한 친절,
나를 위한 친절

숲속의 어떤 동물이 가깝게 다가오는 소리를 들은 건, 제 친구가 밀림에서 명상하고 있을 때였다고 합니다. 태국 북부의 밀림에서 다른 수행승들과 함께 눈을 감고서 명상을 하고 있는데, 무언가 다가오는 소리를 듣고 눈을 떴다고 했습니다. 그 순간, 말로만 듣던 킹코브라가 머리 앞에 와서 쉬익! 쉬익! 소리를 내고 있었다고 합니다. 저도 태국 북부 정글에서 구 년을 살았지만 킹코브라는 한 번 보았을 정도로 만나기 어렵습니다. 그 킹코브라의 몸집은 사 미터 정도 되었다고 했으니까, 아마도 법당 절반 정도의 크기는 될 것입니다. 킹코브라는 길이만 길고 큰 것이 아니라 아주 위험한 동물입니다. 태국 사람들은 이 뱀을 일컬어 '한 걸음 뱀'이라고 부릅니다. 이유는 킹코브라에게 물리면, 딱 한 걸음을 가기 전에 죽기 때문입니다. 그만큼 아주 위험하고 맹독을 가진 뱀입니다. 그런데 이 킹코브라가 제 친구 코앞까지 와 있는데 무엇을 할 수 있겠습니까? 제 친구는 벌떡 일어나서 도망갈 수도 없었을 겁니다. 뱀이 훨씬 빠를 테니까 말입니다.

그래서 이 스님은 웃으면서 뱀에 대해 친절을 보였습니다. 손을 들어서 뱀의 머리를 거듭 쓰다듬으면서 "이렇게 찾아와주어서 너무나 감사합니다"라고 했답니다. 킹코브라가 언제 어루만져주는 것을 받아보았겠는가만, 스님과 킹코브라는 이렇게 친구가 될 수 있었답니다. 제 친구는 그 뒤로도 가끔씩 자신을 찾아오는 뱀에게 머리를 쓰다듬어주었다고 합니다.

여러분이 친절하면 심지어 킹코브라까지도 여러분을 해치지 않습니다. 도둑도 마찬가지입니다. 여러분이 도둑에게 친절함을 베푼다면, 도둑도 여러분을 해치지 않습니다. 도둑들도 이렇게 머리를 쓰다듬어주십시오.

다음 이야기는 제가 머물던 절에서 있었던 일입니다. 어느 날 주지 스님은 한밤중에 누군가 법당에 침입한 소리를 들었습니다. 그래서 법당으로 가보니까 도둑이 기부금함을 칼로 찢고 있었답니다. 그는 주지 스님을 보고 깜짝 놀라더니 자신이 들고 있던 칼을 가리키면서 말했습니다.

"돈 내놔! 그렇지 않으면 이 칼로 너를 찔러 죽이겠다."

그때 주지 스님은 주머니에서 열쇠를 꺼내주며 말했습니다.

"지금 이 기부금함에 들어 있는 돈은 가난한 사람들을 돕기 위해 모금된 것입니다. 많은 사람들이 마음을 내서 모아진 것이니까 가지고 가십시오."

도둑은 열쇠를 건네받고도 칼을 주지 스님에게 겨누었습니다. 그는 기부금함을 열어서 주머니에 돈을 집어넣었습니다. 그때 주지 스님이 도둑에게 물었습니다.

"마지막으로 밥은 언제 먹었습니까?"

도둑은 소리를 질렀습니다.

"그것을 네가 알아서 뭐해?"

그러자 주지 스님은 친절한 목소리로 말했습니다.

"저기 부엌에 가면 찬장 속에 남은 음식이 있습니다. 꺼내서 드세요."

도둑은 부엌으로 가서 몇몇 음식을 꺼내어 주머니에 넣고, 나머지는 먹으면서 말했습니다.

"경찰한테 연락하지 마!"

주지 스님은 부드러운 목소리로 말했습니다.

"제가 왜 경찰에 신고를 하겠습니까? 돈도 제가 준 것이고, 음식도 제가 준 것인데요. 그냥 편안하게 가십시오."

스님은 어디에도 집착하지 않고 친절과 자비를 베풀었습니다. 며칠 뒤, 주지 스님은 절에 왔던 그 도둑이 다른 집에 들어가 물건을 훔치다가 잡혀서 십 년 징역형을 선고받았다는 사실을 신문을 통해 알게 되었습니다.

그로부터 십 년 후의 일입니다. 주지 스님도 세월이 지났으니까 조금 나이가 더 들었겠지요. 어느 날, 한밤중에 법당에서 소리가 들려 잠을 깼습니다. 법당에 가보니 기부금함 옆에 누군가가 서 있었습니다. 바로 십 년 전에 들어왔던 그 도둑이었습니다. 도둑은 주지 스님을 보고 말했습니다.

"어제 감옥에서 출소했다. 너, 나 기억하나?"
"아이고, 기억합니다. 여기 열쇠 있으니 빨리 가져가십시오."

그러자 도둑은 무릎을 꿇고 말했습니다.

"이번엔 돈이나 음식 때문에 온 것이 아닙니다. 지난 십 년 동안 하루도 빠짐없이 주지 스님만을 생각했습니다. 오로지 주지 스님만이 저한테 친절과 관대함을 보여주셨습니다. 제가 칼을 들이대도 자신의 위험을 생각하지 않고, 저의 배고픔을 생각해준 유일한 분이셨습니다. 제가 스님의 절에 다시 온 이유는 돈이나 음식을 훔치려고 온 게 아닙니다. 바로 스님의 친절함과 관대함의 비결의 무엇인지 그것을 훔치려 왔습니다. 제발 저를 스님으로 만들어서 가르쳐주십시오."

사람을 바꿀 수 있는 친절과 자비의 힘을 결코 과소평가하지 마십시오. 누군가 자신을 상처입혔다 할지라도 친절을 베풀고 자비심을 내서 그들을 용서하십시오. 복수를 꿈꾸지 마십시오. 여러분이 복수하지 않더라도 그들이 쌓아온 악업으로 인해 결국 저절로 복수가 될 겁니다.

그리고 스스로에 대해서 자비심을 가지십시오. 수년 전에 입었던 상처를 기억할 때마다, 여러분은 그 상처를 새롭게 입게 됩니다. 여러분 스스로에게 친절하십시오. 내려놓고, 용서

하고, 그저 앞으로 나아가는 게 여러분한테 친절한 겁니다. 그리고 자비라는 것은 마음에게만 좋은 게 아니라 건강에도 아주 좋습니다. 자기 몸에 친절하면, 몸이 건강해집니다.

저는 이 년 전에 식중독에 걸린 적이 있었습니다. 저는 상좌부 전통에서 계를 받았기 때문에, 음식을 요리하는 게 아니라 사람들이 음식을 가져오면 그것을 먹어야 합니다. 어떤 때는 음식이 맛있지만, 어떤 때는 제대로 조리가 되지 않아서 배가 아프기도 합니다. 어떻게 보면 이것도 직업병인데 그날도 제가 심하게 배가 아팠습니다.

심각한 식중독에 걸려서 정말 극심한 고통 속에 배를 움켜쥐고 있었습니다. 그런데 이것이 어떻게 없어졌는지 아십니까? 일단 저는 아주 고통스러운 감각을 알아차렸습니다. 그리고 그 고통에 자비심을 베풀었습니다.

어렸을 때, 런던의 공원에서 아이들이랑 축구를 많이 했습니다. 축구를 하다 보면 넘어져서 피가 나기도 하고, 무릎에 상처가 생겨서 울기도 했습니다. 그럴 때마다 어머니한테 달려가곤 했습니다. 그러면 어머니는 제 무릎에다 뽀뽀를 해주셨습니다. 어머니가 아무것도 하지 않고 그냥 뽀뽀만 해주어도 금방 괜찮아졌습니다. 그래서 다시 공원으로 나가서 축구를 할 수 있었습니다. 그저 어머니의 사랑만이 필요했던 겁니

다. 그것만 받아도 모든 고통이 사라졌던 기억이 났습니다.

심한 식중독을 앓았을 때 저는 스스로에 대한 사랑, 스스로에 대한 그 자비심을 사용했습니다. 제가 몸에 자비심을 보낼 때마다 고통은 조금씩 줄어들었습니다. 그리고 그것을 계속 알아차리니까 고통이 어떻게 진행되고 있는지 알 수 있었습니다. 그렇게 자비심을 보낼 때마다 조금씩 고통이 줄어들었습니다. 저는 이것을 알아차릴 수 있었습니다. 그렇게 이십 분 정도 지나니까 모든 고통이 다 사라졌습니다.

결국 저는 언제 식중독에 걸렸었냐는 듯이 자리에서 털고 일어날 수 있었습니다. 바로 이것이 친절과 자비심의 힘입니다. 이 모든 것은 긴장을 완화시킵니다. 치유와 힐링과 조화를 만들어냅니다. 여러분도 두통, 복통, 다른 통증을 느끼거나 모기에 물려서 괴로울 때가 있지 않습니까? 그럴 때 "Let it be(그냥 두세요)". 다투거나 화내지 말고 그냥 놔두세요. 무엇이 일어나도 괜찮습니다. 무엇을 경험해도 괜찮습니다.

여러분이 화를 내면 항상 긴장이 같이 따라옵니다. 그러면 몸이 아픕니다. 그렇지만 여러분이 자비심을 가진다면 자유로워지고 건강해집니다. 그렇기 때문에 친절함과 자비심은 다른 사람에 대한 것, 남을 위한 것일 뿐만 아니라 여러분 자신을 위한 것이기도 합니다.

○ 서른여덟 번째 인생 사진

흠잡는 마음을 위한 치료약

치료제
오빤꺼지는

제가 처음으로 절을 짓기 시작할 때 일입니다. 그때 우리는 절을 세우기 위한 땅을 사는 데 돈을 다 써서 일꾼들을 부를 형편이 되지 않았습니다. 그래서 집 짓는 방법을 처음부터 하나씩 배워가며 지을 수밖에 없었습니다. 우선 저는 집을 짓는 데 필요한 다양한 도구들을 사용하는 방법부터 배웠습니다. 땅을 고르고, 목재를 크기에 따라서 자르고, 대패질하고, 거친 사포와 고운 사포를 적절하게 사용하고, 지붕을 만들고, 시멘트를 바르고, 벽돌 공사를 하는 법까지, 절을 짓는 데 필요한 모든 일들을 손수 해야만 했습니다. 그때는 모든 일이 처음 해보는 것이라서 일할 때마다 여러 가지 실수를 저질렀습니다.

저는 절을 다 짓고 난 후에는 직접 벽돌담을 쌓아야 했습니다. 그런데 이 일이 보기에는 쉬워 보일지 몰라도 막상 해보니 여간 까다로운 게 아니었습니다. 일단 시멘트를 넣고 그 위에 벽돌을 놓아서 차곡차곡 쌓아야 했습니다. 수평을 맞추는 일도 어려웠습니다. 벽돌을 수평과 수직으로 바르게 쌓아 올린다는 게 그렇게 어려운 일인 줄 그때 처음 알았습니다. 저는 시간당 보수를 받는 것도 아니고 하니까 천천히 잘 완성하고 싶었습니다.

그렇게 차곡차곡 벽돌을 쌓아올려서 열흘이 지나자 벽돌담이 완성되어갔습니다. 그런데 몇 발자국 떨어져서 벽을 바라본 순간, 눈에 거슬리는 것이 있었습니다. 다른 벽돌들은 모두 괜찮은데, 벽돌 두 장이 삐뚤어져서 툭 튀어나온 것이 보였습니다. 그 벽돌 두 장이 마음을 혼란스럽게 했습니다. 그 벽돌 두 장이 전체 벽을 망쳐놓고 있었던 것입니다. 저는 시멘트를 긁어내서 다시 벽돌을 제자리에 넣어보고 싶었습니다. 하지만 시멘트가 이미 딱딱하게 굳어버려서 벽 전체를 부수지 않고는 바르게 넣을 방법이 없었습니다. 돈도 부족한데 다시 벽 전체를 쌓아야 될지도 몰랐습니다.

그때 저는 같이 일하던 스님에게 벽을 폭파시키자고 제안했습니다. 제가 쌓은 벽돌담이 너무나 창피했기 때문입니다. 그런데 그 스님은 안 된다며 벽을 그냥 두자고 했습니다. 저는 손님들이 찾아와서 이 벽돌담을 바라볼 생각을 하니 눈앞이 캄캄했습니다. 심지어 밤에는 악몽까지 꾸었습니다. 그래서 생각해낸 것이 절의 안내자가 되기로 한 것이었습니다. 아침마다 손님들이 찾아오면 안내자가 되어서 벽돌담 쪽으로 발길을 돌리지 못하게 하면 된다고 생각했습니다. 그렇게 하루하루가 흘러서 석 달이 지나는 동안 저는 벽돌담으로 인해 엄청난 고통을 받고 있었습니다.

그런데 어느 날 절을 찾아온 손님이 그 벽돌담을 보고야 말았습니다. 그는 벽을 보고 감탄하고 있었습니다.

"스님, 참 아름다운 벽입니다."

저는 너무 놀랐습니다. 그리고 마음속으로 '시력이 나쁜 남자인가 보구나. 차에 안경을 두고 와서 앞이 잘 보이지 않나 보나'라고 생각했습니다. 그래서 저는 그에게 실토했습니다.

"여기 이 두 장의 삐뚤어진 벽돌이 안 보이십니까?

그는 저를 쳐다보고 다시 말했습니다.

"물론 두 장의 삐뚤어진 벽돌이 보입니다. 그렇지만 저는 삐뚤어진 두 장의 벽돌과 함께 구백구십팔 개의 아름다운 벽돌도 보입니다."

그때 저는 석 달 만에 처음으로 두 장의 삐뚤어진 벽돌 말고도, 구백구십팔 개의 벽돌을 볼 수 있었습니다. 눈에 들어오지 않던 구백구십팔 개의 벽돌이었습니다. 그가 한 말 한마디에 벽돌담에 대한 저의 모든 생각이 송두리째 바뀌는 순간이었습니다. 그 전까지 제 눈은 언제나 두 장의 잘못된 벽돌만 쳐다보았습니다. 그리고 두 장의 벽돌이 수시로 저를 화나게 하면서 마음속을 뚫어놓았다는 사실을 깨달았습니다.

사실 눈이 나빴던 것은 다름 아닌 바로 제 자신이었습니다. 그 손님이 나머지 구백구십팔 개의 벽돌에 대해 이야기하자 "와, 이거 정말 아름다운 벽이구나"라고 저도 느낄 수 있었습니다. 그렇게 저는 석 달 만에 벽돌담을 폭파하고 싶은 마음에서 빠져나올 수 있었습니다. 그리고 더 이상 벽돌 두 장이

잘못된 것이란 생각도 들지 않았습니다.

똑같은 이유로 사람들은 자살로 자기 자신의 인생을 폭파해버리고 싶어 합니다. 인생에 일어났던 딱 두 가지의 나쁜 일, 그것만을 바라보고 그것에만 초점 맞추다보니 다른 것들을 아무것도 볼 수 없는 것입니다. 그것 때문에 인생의 다른 멋지고 아름다운 일들을 볼 수 없는 것입니다. 살면서 볼 수 있는 것이 삐뚤어진 벽돌 두 장밖에 없기 때문에 사람들은 자살하는 것입니다.

방금 들은 이 이야기를 많은 사람에게 널리 알려주십시오. 실제로, 자살 충동을 느끼는 사람들이 자기 자신이나 자기 삶의 좋은 점을 다시 인식하게 되면, 자살을 막는 효과가 있다고 합니다. 저는 여러 나라를 다니면서 이 이야기를 계속 나누고 있습니다. 다른 사람을 비판하고 흠잡기보다, 이처럼 세상을 다시 인식하고 다른 멋진 것들을 다시 볼 수 있도록 하는 것이 더 낫지 않을까요?

부모님이 밥상을 차려줄 때나, 학교에서 급식을 먹을 때 밥그릇에 형편없는 음식이 나오더라도, 혹은 여러분의 실수로 인해서 크게 실망하는 일이 생기더라도, 바로 그것이 여러분의 스승입니다. 그런 것들을 잘 살피고 바라보고 귀담아들으십시오.

제 스승인 아잔 차 스님께서는 하루 종일 신도, 수행자, 학생, 농부, 목수, 정치인, 의사 같은 손님들에 둘러싸여 있었습니다. 그들은 아잔 차 스님께 수많은 문제를 가져와서 해결해 달라고 부탁했습니다. 온갖 질문을 퍼부었고, 축복을 요청하기도 했습니다. 이처럼 끊임없이 찾아오는 사람들을 맞이하며 스님은 그들에게 가르침을 주었습니다. 언젠가 스님께서 이렇게 말씀하셨습니다.

"다른 어떤 수행 못지않게, 사람들을 맞이하면서, 법法에 대해 많은 것을 배웁니다."

저도 요즈음 아잔 차 스님의 이 말씀에 깊이 공감합니다. 여러분들과 함께 이야기를 나누면서 법에 대해서 가장 많이 배웁니다.

오늘 법문은 이것으로 마칩니다. 제 이야기가 여러분의 귀를 거쳐 마음속에 고스란히 새겨졌으리라 믿습니다. 만일 그렇지 못했다면, 이 귀한 시간이 아까울 따름입니다. 지금 제 앞에서 녹음기가 돌아가고 있지만, 그것은 사실 그리 중요치 않습니다. 정말 중요한 것은 여러분 마음속의 기억 장치입니다. 녹음기계는 언제든 고장 날 수 있지만, 여러분의 마음에 들어간 가르침은 영원할 것입니다. 더욱이, 건전지를 갈아 넣을 필요조차 없으니 말입니다.

슬프고 웃긴 사진관